삶을 리모델링하는 7가지 법칙

삶을 리모델링하는 7가지 법칙

김성근 목사

나침반

지금은 우리의 삶을 리모델링 할 때 입니다!

우리가 처음 예수님을 믿을 때 가졌던 기쁨과 헌신과 복음의 능력이 점차 사라지면서, 습관적으로 교회에 출석하게 되고, 언제부터인가 입으로만 주님을 부르게 되고, 마음에는 무엇인지 모를 불안감과 무거움이 있다면, 이제 삶을 리모델링하여 새사람을 입어야 합니다.

"하나님을 따라 의와 진리의 거룩함으로 지으심을 받은 새 사람을 입으라"
(에베소서 4장 24절)

하나님은 다양한 방법으로 우리의 인생에 리모델링의 때가 왔다는 것을 알려주십니다.

이 때 나의 반응에 따라 그것이 축복으로 나타날 수도 있고, 고난이나 어려움, 특별한 소명으로의 나타날 수 있습니다.

컴퓨터의 핵심 부품인 CPU를 생산하는 인텔은 원래 RAM이라는 메모리를 만드는 회사였습니다. 1970년대에 인텔은 RAM 업계에서 부동의 선두를 달리고 있었는데 일본 반도체 기업들의 추격으로 실적이 악화되자 순식간에 부도 위기를 맞게 되었습니다.

인텔의 공동 창업자인 앤디 그로브와 고든 무어는 오랜 시간 위기를 타개하기 위해 고민을 하다가 기존의 사업을 포기하고 마이

크로프로세서라는 새로운 시장에 뛰어들어 성공을 거두게 됩니다. 기존의 사업을 과감히 포기하고 새로운 분야를 선도하는 회사로 탈바꿈시킨 이 때의 결정은 'IT역사상 가장 위대한 순간' 으로 불리게 되었고 이 결정을 내린 앤디 그로브는 경영의 귀재라고 불리게 되었습니다.

새로운 사업에 뛰어든 인텔은 지금도 수십 년 째 업계의 1위를 달리고 있으며 한 때 인텔을 내몰았던 일본 기업들은 현재 한국과 중국의 업체들에게 밀려서 대부분 부도위기에 처해있습니다. 인텔은 사업을 리모델링 했고, 일본기업들은 그렇지 못했기 때문입니다.

이러한 리모델링은 기업에만 필요한 것이 아닙니다.
우리들의 인생과, 매순간의 삶에도 필요합니다.
우리가 깨닫지 못할 뿐 누구나 매 순간 리모델링을 해야 할 때가 찾아옵니다.
성경에는 하나님의 이러한 부르심에 응답함으로 인생을 성공적으로 리모델링한 사람들의 이야기가 많이 나옵니다.
히스기야는 교만해져서 하나님께 벌을 받았지만 눈물로 회개하여 15년이라는 시간을 더 허락 받을 수 있었습니다.

요셉은 형들의 계략으로 오랫동안 노예생활을 했지만 언제나 하나님을 의지하여 마침내 이집트의 총리가 될 수 있었습니다.

모세도 왕자의 신분으로 편안한 삶을 살 수 있었지만 광야 생활을 통해 200만 명이 넘는 이스라엘 백성들을 이끌고 출애굽을 하는 지도자가 되었습니다.

이들의 삶은 결코 평탄하지 않았지만 그들이 겪은 모든 일들은 하나님께 더욱 귀히 쓰임 받기위한 리모델링의 시간이었습니다.

반대로 리모델링에 실패한 인물들의 이야기도 성경에는 많이 나옵니다.

삼손은 하나님이 주신 능력을 올바르게 사용하지 않다가 비참한 최후를 맞이 했습니다. 그는 하나님이 주신 능력을 대부분 자신의 이익을 위해서만 사용했습니다.

아나니아와 삽비라는 하나님을 섬기는 척하면서 사람들의 존경을 받기를 원했습니다. 그들은 복음을 통해 하나님께 돌아오지 않고 오히려 악용했습니다. 그 결과 비참한 죽음을 맞았습니다.

사울왕은 권력을 탐하다가 하나님이 주시는 신호를 놓쳤습니다. 그는 광기에 사로잡혀 하나님이 세우신 다윗을 죽이려 했고, 끝끝내 고집을 피우다가 모든 걸 잃고 말았습니다.

인텔 이야기처럼 우리의 삶에도 위기의 순간이 찾아옵니다. 이 때 그에 맞게 리모델링이 잘 된 사람은 지혜롭고 성숙된 인격을 갖게 됩니다. 그러므로 인생의 리모델링은 하나님을 믿고 예수님을 따라 살기 원하는 그리스도인들에게 더욱 더 필요합니다.

리모델링은 바로 신앙의 성장을 뜻하고, 하나님을 체험하는 삶을 뜻하며, 하나님의 계획대로 삶을 살아가도록 항로를 점검하고 속도를 내는 일이기 때문에 성도들의 인생에 매우 중요합니다.

그러나 대부분의 그리스도인들은 하나님을 만나고 회개했던 그 첫 순간만 간직하고 그리워할 뿐, 지금의 상태를 쇄신하여 한 걸음 더 나아가려 하지 않습니다.

이런 삶으로는 성경에 나온 예수님의 발자취를 따라갈 수 없고, 날 향한 하나님의 계획을 온전히 성취하는 삶도 살아갈 수 없습니다. 인생의 적합한 때에 주시는 하나님의 신호를 잘 분별해 다양한 영역에서 새롭게 리모델링되기를 원하는 성도만이 하나님의 계획에 부응하는 삶을 살 수 있고 예수님을 따라 날마다 새롭게 변화되는 진정한 그리스도인이 될 수 있습니다.

인생의 모든 영역에서 만나는 문제와 어려움은 리모델링이 제대로 되지 않아서입니다. 인생에서 누릴 수 있는 참된 행복과 기막힌 축복 역시 하나님의 이끄심을 통한 리모델링을 통해서만 맛볼 수 있습니다.

그런 의미에서 성경에 나오는 느헤미야는 그 누구보다도 리모델링의 중요성을 잘 알았고, 또 그것을 완벽하게 이루었던 사람입니다. 그는 누구보다 편안한 삶을 누릴 수 있던 자신의 삶을 리모델링해서 이스라엘 백성들의 리더가 되었습니다. 그리고 이스라엘 백성들의 삶을 리모델링해서 하나님 앞에 바르게 세웠습니다. 폐허가 되었던 고국의 예루살렘 성을 훌륭하게 재건했습니다.

당대 최고의 권력을 지닌 왕의 총애를 받았던 느헤미야는 황폐한 고국으로 돌아갈 이유가 전혀 없었습니다. 그 땅은 불탔고 성벽은 무너졌으며 백성들은 패배의식에 빠져서 피폐한 삶을 살고 있었습니다. 그런 곳에 가봤자 고생만 죽도록 할 것이 뻔했고, 또 성벽을 재건할 수 있다는 보장도 없었습니다.

그러나 느헤미야는 그들의 삶을 모른 척 하지 않았습니다. 자신이 무너진 이스라엘 성벽과 백성들의 신앙을 리모델링시키기 위해 준비된 '이때를 위한 사람'이라는 것을 알았기 때문입니다.

리모델링은 우리와 동떨어진 세계의 이야기가 아닙니다. 누구보다 훌륭한 삶을 살았던 느헤미야에게도 리모델링은 필요했고, 누구보다 비참한 상황에 처했던 이스라엘 백성들에게도 리모델링은 필요했습니다. 불타는 하나님의 도성인 예루살렘성도 역시 마찬가지였습니다. 이와 같이 나, 그리고 우리들의 삶, 가정, 직장, 교회에도 리모델링이 필요합니다.

저는 특별히 이 책을 통해 느헤미야의 삶에서 발견한 '나의 삶을 리모델링하는 7가지'를 이야기 하려고 합니다.

느헤미야는 하나님의 부르심에 따라 자신의 삶을 훌륭하게 리모델링 했고, 그로 인해 무너진 성벽을 회복시키려는 하나님의 뜻에 따라 실제로 성벽을 훌륭하게 리모델링, 즉 재건했습니다.

이와 같이 먼저 우리의 삶과 신앙이 하나님의 원리에 따라서 리모델링될 때 우리의 인생을 구성하는 실제적인 영역도 하나님의 말씀을 따라 회복되며 재건됩니다.

이제 느헤미야와 같은 삶을 통해 알 수 있는 원리들을 삶에 적용해 내 삶의 무너진 부분을 보수하고 하나님과 더 가까워지는 리모델링을 시작하여 주님이 주시는 승리의 삶이 되기 바랍니다.

이 책은 제가 설교로 준비한 것을 출판사 요청에 의해 책으로 만들기 위해 재편집한 것으로, 평소 주님께 배운 것과, "해 아래 새 것이 없기에"(전도서1장9절) 이책 저책을 많이 참고하면서 하나님이 주신 영감으로 정리했기에 참고도서를 일일이 기록하지 못했음을 양해 바랍니다.

그리고 이 책 출판을 제안하고 수고해준 나침반출판사 김용호 대표님과 직원들, 저와 함께 주님을 섬기는 목동제일교회 성도들과, 함께 동고동락하며 주님을 섬기는 사랑하는 아내 조계숙 사모와 딸 인혜, 아들 동현에게 감사와 함께 기쁨을 나눕니다.

늘 주님의 은혜 안에서

김성근 목사

차례

☑ 1. 주님의 통치권을 회복하라!   15

☑ 2. 4가지 기둥을 세우라!   43

☑ 3. 장애물을 돌파하라!   83

☑ 4. 할 수 있다고 믿어라!   121

☑ 5. 진정한 예배를 드리라!   163

☑ 6. 영성이 살아나게 하라!   199

☑ 7. 온전히 헌신하라!   233

1

주님의 통치권을 회복하라!

모든 제품에는 '사용설명서'라는 것이 존재합니다.

대체로 우리나라 사람들은 사용설명서를 읽기 전에 제품을 멋대로 사용하다가 문제가 생기면 스스로 고치려고 하고 또는 비싼 돈을 주고 수리기사를 부르기도 합니다.

하지만 대부분의 경우, 사용설명서를 한 번 제대로 읽는 것으로도 문제를 예방할 수 있고 수리할 수 있습니다.

사용설명서는 그 물건을 만든 사람이 적은 것이기 때문에 틀릴 수가 없습니다. 그 물건에 대해서 가장 잘 알고 있는 사람이 적은 것이기 때문입니다.

그렇다면 우리 인생의 사용설명서는 무엇일까요?

바로 성경입니다. 인생을 바로 살아가기 위해서는 성경을 통해 말씀을 깨달아야 합니다.

물론 나면서부터 성경을 통해 바르게 살아가면 좋겠지만 안타깝게도 우리 대부분의 인생은 그렇지 못합니다.

어떤 사람들은 아직도 하나님이 자신의 창조주라는 사실을 모르고 있고, 어떤 사람은 교회에 다니고 하나님도 만났으나 분명한 확신을 가지고 있지 못합니다. 또 구원의 확신은 있지만 아직 어떻게 살아야 할지 모르는 사람들도 있습니다. 이런 사람들에게는 지금까지 잘못 살아온 삶에서 되돌이켜 말씀대로 살려는 노력인 삶의 리모델링이 필요합니다.

우리 삶의 모든 영역에서 리모델링이 필요합니다. 그러나 영역에 상관없이 가장 중요한 것은 예수님의 말씀이 나의 삶의 기초가 되었는지 확인하는 일 입니다.

요즘 세상의 모든 문화와 철학, 그리고 심지어 신학과 신앙에서 마저도 '나'에게 초점을 맞추고 있다는 것은 참 안타까운 일입니다. 진정한 회복과 기쁨은 '내'가 아니라 '주님안의 나'로부터 출발해야 합니다.

그래서 저는 먼저 우리의 삶에 있어서 주님의 통치권, 즉 "주님이 우리 인생의 모든 영역에서 주인 되게 하는 리모델링"이 되어야 한다는 점을 강조하려고 합니다.

이것은 마치 건물의 기초와 같습니다.

많은 사람들이 주님이 아닌 자신을 주인으로 삼고 살아가고 있습니다. 그러기에 가정, 직장, 사업체, 교회에서 까지도 예수 그리스도가 아닌 사람이 주인이 됨으로 많은 문제가 생기고 있습니다.

그 결과 우리 크리스천들의 사회적인 영향력이 약해져서, 세상 사람들에게 비웃음과 비난을 받고 있습니다.

그래서 전에는 교회가 사회를 걱정했는데, 지금은 사회가 교회를 걱정한다는 말까지 들리고 있습니다.

한국투명성기구는 비교적 최근에 전국의 성인남녀 1,500여 명을 대상으로 가장 부패한 집단에 대해서 조사를 했습니다. 5점을 기준으로 낮을수록 청렴한 기구라는 것을 나타내는데 종교단체는 3.4점으로 꼴찌인 정당(3.9), 국회(3.8)와 별반 차이가 없었습니다. 종교단체로 조사되었기에 단순히 우리의 문제라고는 할 수 없지만 세부설문 사항에서 사람들은 특히 개신교의 최근 불거진 여러 불미스러운 부분들에 대해서 상당한 불신감을 가지고 있었습니다. 또 기독교 윤리실천운동이 진행한 국민들의 종교별 신뢰에 대한 조사를 살펴보면 개신교는 21.3%로 천주교(29.3%)와 불교(28%)에 비해서 큰 폭으로 뒤쳐져 있었습니다.

어떻게 생각 하십니까?

만약, 많은 부분에서 동의를 하신다면 과연 우리는 어떻게 해야 다시 영향력 있는 삶으로 리모델링 할 수 있을까요?

우주만물을 주관하시는 절대능력의 주님이 우리 삶을 통치 하시게 하면 됩니다. 그렇게 되면 우리는 세상을 이기게 될 것이고, 승리의 생활을 하게 될 것 입니다.

우리는 느헤미야를 통해 우리의 삶에서 주님의 통치권이 회복되는 방법을 배울 수 있습니다.

느헤미야가 이스라엘을 리모델링하려고 할 때 하나님께 받은 두 가지 명령이 있었습니다. 예루살렘 성벽을 재건하라는 것과 이스라엘을 다시 제사장 나라로 세워 하나님의 증인이 되게 하라는 것입니다. 이 일은 결코 쉬운 일이 아니었지만 반드시 해야 되는 일이었습니다.

그 당시 예루살렘의 상황은 아주 비참했습니다.

느헤미야 2장 17절을 보십시오.

"우리가 당한 곤경은 너희도 보고 있는 바라 예루살렘이 황폐하고 성문이 불탔으니 자, 예루살렘 성을 건축하여 다시 수치를 당하지 말자하고."

하나님의 임재와 보호의 상징인 예루살렘성이 "황폐하고 불탔습니다."

성으로서의 기능이 상실된 것입니다. 이 예루살렘은 그냥 성이 아니라 하나님의 보호와 함께하심의 상징이었습니다.

한때 세상에서 가장 강력한 나라였던 이스라엘이며 예루살렘성이었습니다. 그런데 지금은 아니었습니다. 돕는 사람도 없었고 주변 사람들은 업신여기고 비웃었습니다.

이럴 때 생각있는 사람들이 느헤미야를 찾아 왔습니다.

느헤미야는 그 당시 가장 강력한 나라였던 고대 페르시아 제국의 왕 '아닥사스다'의 술 맡은 관원장이었습니다. 요즘으로 말하면 대통령 경호실장으로, 왕의 가장 가까운 곳에서 생명을 보호하는 일을 맡은 최측근으로 높은 지위의 사람이었던 것입니다.

느헤미야 1장 3절은 그때 예루살렘의 상황이 얼마나 위급했는지를 보여주고 있습니다.

"그들이 내게 이르되 사로잡힘을 면하고 남아 있는 자들이 그

지방 거기에서 큰 환난을 당하고 능욕을 받으며 예루살렘 성은 허물어지고 성문들은 불탔다 하는지라."

하나님의 사람들이 경멸의 대상과 조롱거리가 되어 학대와 억압과 방해를 받고 있었습니다.

이럴 때, 우리 같으면 어떻게 행동 했을까요?

우리가 느헤미야를 통해 배워야 할 것은 그는 실제로 성벽을 리모델링하는 것이 급했지만 그보다 먼저 주님과의 관계를 분명히 하는 것이 중요함을 고백하고 있었다는 점입니다.

예루살렘의 비참한 상황을 전해들은 느헤미야는 한시라도 빨리 무슨 일을 하고 싶었습니다. 그에게는 그만한 믿음이 있었고, 일을 진행시킬 만한 힘도 있었습니다. 하지만 느헤미야는 당장 무너진 성벽을 재건(리모델링)하고, 하나님을 잃어버린 이스라엘 백성들을 리모델링 하기 위해 뛰어 나가지 않았습니다.

그는 감정을 누르고 먼저 기초를 튼튼히 했습니다. 먼저 하나님께 집중했던 것입니다.

이처럼 "예수 그리스도가 우리 인생의 모든 영역에서의 주인이 되신다."는 사실은 모든 인생의 기초 입니다. 이것은 바로 내 삶에서 주님의 통치권을 회복하고 우선권을 내어 드리는 일을 뜻합니다.

그래서 느헤미야는 당장 전략을 세우고 왕에게 도움을 받기 위해 이와 같은 상황을 알리기보다는 먼저 하나님 앞에 나아갔습니다. 그리고 금식하며 눈물로 이 상황을 주님께 아뢰었습니다.

"내가 이 말을 듣고 앉아서 울고 수일 동안 슬퍼하며 하늘의 하나님 앞에 금식하며 기도하여 이르되 하늘의 하나님 여호와 크고 두려우신 하나님이여 주를 사랑하고 주의 계명을 지키는 자에게 언약을 지키시며 긍휼을 베푸시는 주여 간구하나이다"(느1:4-5)

느헤미야는 왕 앞에 이런 사실을 고하기 전에... 그리고 어떤 계획을 세우기 전에... 또 어떤 명령을 내리기 전에... 먼저 하나님 앞에서 금식하면서 기도했습니다.

이것은 반드시 모든 일에 금식과 작정기도를 해야 한다는 뜻이 아니라 나의 삶의 중심에 하나님을 온전히 모시고 인정해드리고 있는지를 돌아봐야 한다는 뜻입니다.

모든 일에 앞서서 가장 중요하게 여겨야 할 것은 기도입니다.

'기도의 선지자' E. M. 바운즈는 그의 저서 '기도의 능력'에서 "세상에서 가장 강력한 힘은 기도다."라고 말했습니다. 사탄은 우리가 세운 계획을 무너뜨릴 수 있고, 프로그램을 엉망으로 만들 수도 있습니다. 그리고 우리가 속한 조직을 웃음거리로 만들 수도 있습니다. 그러나 우리의 기도를 비웃을 수는 없습니다. 오히려 기도를 두려워하고 피해 달아납니다.

사탄은 아무리 잘난 사람도 능히 대적할 수 있지만, 동시에 아무리 약한 사람의 기도라도 당할 수가 없기 때문입니다. 그러므로 인생을 리모델링하기 위한 기초공사에서 첫 번째로 해야 할 수칙은 기도입니다.

능력의 예수님도 이 땅에 계실 때 한적한 장소를 찾아서 기도하셨다는 사실을 잊지 마십시오. 전능하신 하나님의 아들에게 그처럼 기도가 필요했다면 너무나 연약한 우리에게는 얼마나 더 많은 기도가 필요하겠습니까?

느헤미야의 기도는 눈물과 금식의 기도였습니다.

미국의 16대 대통령 링컨은 1863년 4월 30일 목요일을 국가적인 금식의 날로 정하자는 청원서를 국회에 제출했습니다.

기도의 사람으로도 불리는 링컨이 청원서에 적은 내용은 다음과 같습니다.

"금식은 하나님의 힘을 믿는 사람들뿐만 아니라 온 국민의 국가적 의무입니다. 바야흐로 우리 국토를 황폐화하고 있는 이 남북전쟁의 무서운 재앙은 우리 선조들의 죄에 대한 심판인지도 모릅니다. 그리고 우리 전 국민에게 필요한 개혁을 촉구하시는 하나님의 섭리인지도 모릅니다. 끊일 줄 모르는 성공으로 자만하느라 우리를 지으신 하나님께 기도하지 아니한 죄 때문인인지도 모릅니다. 따라서 지금은 진노하신 하나님 앞에 우리들 자신을 낮추고 국가적인 죄와 개인적인 죄를 고백하며 하나님의 자비와 긍휼을 구할 때 입니다."

링컨이 금식 기도를 하자고 했던 이유는 나라의 비참한 상황에 대한 호소이자 노력이었습니다.

느헤미야가 기도하며 흘렸던 눈물도 그의 애통한 심정을 잘 느끼게 해줍니다.

그는 예루살렘의 이야기를 듣고는 마음이 부서지는 듯한 아픔을 느꼈습니다.

느헤미야의 기도는 무엇을 이루기 위해서 해야 하는 과정의 기도가 아니라 아픈 마음으로 주님 앞에 내어 놓는 결과의 기도였습니다.

기도는 하나님께 복을 받기 위해서 하는 것이 아니며 소원을 이루기 위해 하는 것도 아닙니다. 하나님의 뜻을 알며 하나님의 생각에 나의 마음을 맞추기 위해 드리는 것입니다. 이 사실을 그대로 우리에게 적용하면 인생의 황폐한 부분을 리모델링하기 위한 수단으로 기도를 하는 것이 아니라 오히려 리모델링이 필요한 처참한 상황에 처한 것을 보며 통회하는 마음으로 기도를 해야 한다는 것을 알 수 있습니다.

지금 자신의 내면의 세계가 어떤지 살펴보십시오.

느헤미야의 눈물은 진심과 진정에서 흘러나오는 기도의 징표였습니다. 그러나 우리의 기도는 느헤미야의 기도와는 달리 방향이 어긋나 있는 경우가 많습니다. 우리는 나의 삶이 하나님에게서 멀어짐으로 인해 지금과 같은 상황에 처했다는 것을 생각하지 않고, 다만 모든 것의 책임이 하나님께 있다고 주님을 원망하듯 기도합니다.

이스라엘 백성이 70년동안 포로생활을 하며 고통을 받게 된 것은 그들이 먼저 하나님의 말씀을 가볍게 대하고 함부로 여겼기 때문입니다. 하나님께서는 7년 마다 토지를 쉬게 함으로 십일조를 드리라고 이스라엘 백성에게 명령하셨습니다. 그러나 이스라엘 백성들은 490년 동안 하나님의 말씀을 지키지 않고 단 한번도 땅을 쉬게하지 않았습니다. 그러니까 490년 동안의 70번인, 70년의 말씀을 어긴 시간을 포로생활로 채우게 되었던 것입니다.

"이에 토지가 황폐하여 땅이 안식년을 누림 같이 안식하여 칠십 년을 지냈으니 여호와께서 예레미야의 입으로 하신 말씀이 이루어졌더라"(대하36:21)

이것은 우리들에게 어떠한 교훈을 줍니까?

만약 우리가 무엇이든 하나님의 것을 드리기에 실패한다면 하나님께서는 우리에게서 그만큼의 것을 거두어 가실 수 있다는 것입니다.

이스라엘 백성들은 스스로의 잘못으로 이와 같은 고난을 겪었습니다.

기초공사가 잘못되었기 때문에 이제 리모델링을 해야 할 때가 찾아왔고, 느헤미야가 그 일을 감당하게 되었습니다.

마찬가지로 영적 리모델링과 삶의 리모델링은 반드시 나에게만 국한 되는 이야기가 아닙니다. 우리가 느헤미야처럼 하나님 앞에 바르게 서기만 한다면 하나님은 나를 통해 주변의 황폐한 성벽을 가진 사람들의 삶을 리모델링하게 이끄십니다.

그러나 지금의 크리스천들은 대부분 이와 같은 역할을 감당하지 못하고 있습니다.

기초공사가 부실하기 때문입니다. 영혼을 잃어버린 자신의 마음에 대한 애통함이 없으니 하나님을 알지 못하는 다른 잃어버린 영혼들을 향한 애통한 마음도 존재하지 않습니다.

하나님에게서 멀어진 나의 삶을 떠올리며 기도해 본 적이 언제이며, 여기에 대해 눈물로 기도드린 적이 언제입니까? 교회를 떠난 영혼들과 아직 하나님을 알지 못하는 영혼들을 위해 기도해 본 적은 언제이며, 그 영혼들을 위해 눈물 흘려본 적은 언제입니까?

우리 삶의 중심에 하나님을 두는 것이 모든 리모델링의 기초라는 사실을 깨닫게 될 때에 하나님 앞에 온 마음을 드리는 기도가 나오며 애통하는 눈물의 기도가 나옵니다.

또한 느헤미야는 금식을 했습니다.

금식은 하나님께 응답을 달라고 떼를 쓰는 행위가 아니라 세속적인 것에서 잠시 벗어나 하나님께 집중하기 위한 거룩한 행위입니다. 금식을 하면 몸은 힘들지만 그만큼 영혼이 더욱 맑아짐을 느끼게 됩니다. 그로 인해 하나님께 더욱 집중할 수 있고, 기도할 수 있게 됩니다. 또한 응답에도 민감하게 반응하게 됩니다.

일일 일식과 소식에 관련된 건강법이 사회적 이슈가 되면서 국내외 여러 대학이 소식과 장수의 상관관계에 대해서 조사를 하고 있습니다.

이런 각종 연구결과에 따르면 사람의 경우에는 지나치게만 하지 않으면 과식이나 소식을 한다고 단명을 하거나 장수를 하지는 않는다고 합니다. 다만 신체적인 욕구와 반응에는 조금 차이가 나는데, 과식을 하는 경우 폭력성과 성욕이 급격하게 증가하게 된다고 합니다. 반면에 소식을 하는 경우에는 몸의 기초대사에만 섭취한 에너지를 쓰기 때문에 그 밖의 생존에 필수적이지 않은 욕구들은 사라지는 경향이 있다고 합니다.

물론 소식이나 금식을 하면 영양이 결핍되기 때문에 장기적으로는 바람직한 행동은 아닙니다. 그러나 기초공사를 다시 하며 하나님께 기도를 드리는 시간만큼은 이런 노력을 통해서라도 조금 더 인간적인 욕구들을 내려놓고 영성에 집중할 필요가 있습니다.

그래서 바리새인과 서기관들의 허례를 그토록 싫어하셨던 예수님도 광야에서 40일 동안 금식을 하셨고, 사도 바울과 베드로도 중요한 기도를 할 때는 금식을 했습니다.

안디옥 교회의 성도들도 사도들을 파송하거나 혹은 옥에 갇힌 사도들을 위해 기도할 때는 항상 금식 기도를 했습니다.

기도는 이처럼 중요합니다. 우리는 기도를 통해 하나님의 능력을 체험할 수 있지만 기도가 없이는 아무것도 할 수 없습니다. 그러므로 느헤미야가 무너진 성벽을 재건하려 할 때 필요한 것이 기도였듯, 우리 삶의 리모델링이 필요한 순간에도 가장 먼저 해야 할 것은 기도입니다.

느헤미야의 기도

느헤미야의 신앙은 기초공사가 잘 되어 있었습니다. 그래서 예루살렘 성벽이 무너지고 동포들이 수치를 당하는 급박한 상황에도 섣불리 자신을 내세우지 않고 눈물과 금식으로 하나님께 먼저 기도했습니다. 그 기도의 내용이 느헤미야 1장의 끝부분에 짧게 나옵니다.

우리는 기도를 통해서 놀라운 은혜를 체험하는 느헤미야의 다섯 가지 기도가 무엇인지 배울 수 있습니다.

첫 번째, 기도는 하나님이 누구신지 고백하는 것입니다.

1장 5절에 나오는 말씀을 보면 느헤미야는 하나님을 '이르되 하늘의 하나님'이라고 표현했고, '주'라고 표현했습니다.

우리도 기도 중에 습관처럼 자주 사용하는 말이지만 당시처럼 신앙을 잃어버린 백성들이 수치를 당하는 모습을 보고 드리는 느헤미야의 기도에 나온 이 단어의 뜻은 더욱 가슴에 절절히 다가옵니다.

느헤미야가 말한 '하늘의 하나님'은 '유일하신 분', '모든 존재의 근원이 되시는 분'이라는 것을 의미합니다. 하늘에 유일한 분이며 살아서 역사하시는 분이기 때문에 눈물로 진심을 고백하고 금식으로 전심을 다해 기도할 수 있던 것입니다.

믿음이 없고 말뿐인 신앙에는 이와 같은 참된 고백과 부르짖음이 실종되어 있습니다. 말로는 하나님을 주로 고백하나 마음으로 믿지는 않기 때문에 느헤미야와 같이 하나님의 능력을 전적으로 인정하고, 그 분이 모든 것의 통치자이심을 고백하는 기도를 드릴 수 없습니다. 그러므로 우리도 하나님께 기도를 할 때는 '하늘에 계신 아버지'라는 말을 통해 나의 삶을 주장하는 분이 하나님이심을 고백하고 '주'라는 말을 통해 하나님은 한 분이시며, 그 외에 다른 신은 없다는 마음의 울림이 있어야 합니다.

하나님께 드리는 기도 한 마디 한 마디에는 살이 떨리는 감동과 감격이 서려 있어야 합니다. 만왕의 왕이신 주님께 나의 마음을 아뢰고 그분이 듣고 응답하실 것을 믿는데 이로 인해 기쁘지 않을 수가 없고, 떨리지 않을 수가 없기 때문입니다.

느헤미야는 '위대하시며 두려우신 하나님'에게 간구했습니다.

위대하신 하나님이라는 고백에는 전지전능하신 하나님께서 무엇이든 하실 수 있다는 고백이 들어있습니다. 지금 당장 포로가 된 이스라엘 백성들의 상한심령이 회복되고 무너진 성벽도 얼마든지 재건될 수 있다는 믿음이 이 짧은 기도안에 포함되어 있습니다. 또한 두려우신 하나님은 말씀을 어긴 이스라엘 백성에게 벌을 주신 공의의 하나님을 나타내고 있습니다. 하나님을 경외하지 않고 거절한 사람들에게 이와 같은 벌을 내리셨으므로 다시 하나님을 향한 마음으로 돌아간다면 얼마든지 다시 회복시킬 수 있는 하나님이라는 기대감까지 이 짧은 한 마디의 기도에 들어 있습니다.

'그의 관대한 약속을 지키시는 분'이라는 느헤미야의 기도는 말씀의 중요성을 깨우쳐 줍니다. 성경 전체는 하나님의 말씀이자 약속이 기록된 책입니다. 하나님은 말씀의 복종과 불복종의 결과가 어떠한지 모두 성경에 기록해 놓으셨습니다. 그러므로 그 약속을 잘 알고 있다면 지금 상황에서 내가 처해야 할 행동이 무엇인지 정확히 알 수 있습니다.

느헤미야는 성경 말씀을 인용해 지금 이스라엘 백성들이 받고 있는 벌이 모세를 통해 내려주신 하나님의 계명과 율례와 규례를 지키지 않아서 온 것임을 먼저 시인합니다.

"주를 향하여 크게 악을 행하여 주께서 주의 종 모세에게 명령하신 계명과 율례와 규례를 지키지 아니하였나이다"(느1:7)

그러나 거기서 끝나지 않고, 계명과 율례와 규례를 지킬 때에 하나님이 행하실 일들에 대한 말씀을 아뢰며 긍휼과 자비를 구합니다.

"만일 내게로 돌아와 내 계명을 지켜 행하면 너희 쫓긴 자가 하늘 끝에 있을지라도 내가 거기서부터 그들을 모아 내 이름을 두려고 택한 곳에 돌아오게 하리라 하신 말씀을 이제 청하건대 기억하옵소서"(느1:9)

먼저는 하나님의 약속의 말씀인 성경을 깊이 묵상하는 것이 중요합니다. 그리고 그 말씀에 의거해 하나님께 회개하고, 간구하는 것이 느헤미야처럼 무너진 것들을 회복시킬 사람들이 드려야 할 기도입니다.

네 번째, 기도는 하나님의 도우심을 구하는 진실된 간구입니다.

6절 밖에 되지 않는 이 짧은 기도에는 기억해달라는 말이 세 번이나 나옵니다.

바로 위의 세 번째 기도에 나오는 하나님의 약속을 기억해 달라는 말씀에 근거한 기도가 가장 먼저 나오며 곧바로 이스라엘 백성들이 하나님의 권능과 도우심으로 이집트에서 구출해 낸 사람이라는 사실을 기억해 달라고 간구합니다.

"이들은 주께서 일찍이 큰 권능과 강한 손으로 구속하신 주의 종들이요 주의 백성이니이다"(느1:10)

마지막으로, 기도는 하나님의 은혜와 형통을 구하는 탄원입니다.

느헤미야는 자신의 진심이 담긴 이 탄원의 기도를 기억해 달라고 간구합니다.

"주여 구하오니 귀를 기울이사 종의 기도와 주의 이름을 경외하기를 기뻐하는 종들의 기도를 들으시고 오늘 종이 형통하여 이 사람들 앞에서 은혜를 입게 하옵소서 하였나니"(느1:11)

느헤미야가 사실 하나님께 간구하고자 했던 것은 마지막 11절이었습니다.

포로의 국적을 가진 느헤미야가 아닥사스다 왕이 머무르는 수산 궁에 있었다는 것은 그가 평범한 신분이 아니었음을 의미합니다. 그러나 뚜렷한 직분이 기록되어 있지 않고 또한 11절에 지금 고향과 동포들이 처한 비참한 상황을 타개하고자 필요한 은혜를 구하는 내용이 나온 것으로 봐서는 아직 충분한 위치에 오르지는 못했던 것으로 보입니다. 이처럼 아직 필요한 힘과 직위를 갖지 못했고 정말로 급박한 예루살렘의 상황을 보고 받았음에도 그는 먼저 금식함으로 기도를 했습니다. 그리고 기도의 내용도 먼저 하나님이 만물의 통치자이심을 인정했고, 말씀을 통해 죄를 시인했으며, 또한 말씀을 통해 회복을 간구했고, 마지막으로 상황을 타개할 은혜를 구했습니다. 하나님은 이런 느헤미야의 기도에 마침내 응답하셨습니다.

"그 때에 내가 왕의 술 관원이 되었느니라"(느1:11)

그의 기도는 열정적이었습니다. 느헤미야가 하나님께 드린 기도의 모습은 우리에게 도전을 줍니다.

"내가 이 말을 듣고 앉아서 울고 수일 동안 슬퍼하며 하늘의 하나님 앞에 금식하며 기도하여"(느1:4)

1. 그는 애통하며 슬피 울며 기도했습니다.

예루살렘의 형편이 그렇다는 소식을 듣고 그의 마음은 무너졌습니다.

예수님께서도 이 땅에 계실 때 예루살렘을 보고 그렇게 우셨습니다.

내 삶의 리모델링을 원한다면 애통함이 있어야합니다.

나를 살펴 보십시오. 문제는 멀리 있지 않습니다. 가까이 있습니다. 내게서 출발하면 됩니다.

내 속에 있는 죄는 먼저 나를 더럽힙니다. 나를 타락시킵니다. 하나님과 멀어지게 합니다. 하나님을 대항합니다. 하나님의 자녀들을 갈라놓고 힘들게 합니다. 가족들을 파괴합니다. 주님의 몸된 교회를 파괴합니다, 관계를 파괴합니다, 개인의 인생을 파괴합니다, 그리고 우리의 간증을 파괴합니다.

구원 받아야 할 잃어버린 한 사람의 영혼을 생각하며 얼마나 울어 봤습니까?

무너져가는 교회의 성벽을 재건하기 위해 애통하며 슬퍼한 것이 얼마나 되었습니까?

시편 기자는 말 하였습니다.

"울며 씨를 뿌리러 나가는 자는 정녕 기쁨으로 그 단을 가지고 돌아오리라"(시126:6)

2. 그는 금식하며 기도했습니다.

그는 부자가 되기 위해서나 자신의 명성을 위해서 금식기도를 한 것이 아니라 영적 공동체인 이스라엘이 무너지는 것을 보았기 때문에 금식하며 기도했습니다.

금식기도는 기도자의 영혼을 맑게 하며 강건하게 합니다.

하늘의 능력을 가져오게 됩니다.

우리는 기도한 후에 많은 것들을 할 수 있습니다. 그러나 기도하기 전까지는 아무것도 할 수 없습니다.

"이르되 하늘의 하나님 여호와 크고 두려우신 하나님이여 주를 사랑하고 주의 계명을 지키는 자에게 언약을 지키시며 긍휼을 베푸시는 주여 간구하나이다"(느1:5)

3. 그는 찬양하며 기도했습니다.

느헤미야는 하나님이 누구이신지를 찬양했습니다.
하나님이 하실 일들에 대한 결과를 찬양했습니다.
약속을 지키시는 하나님을 찬양하였습니다.
마찬가지로, 비록 우리들에게 아직도 무너진 성벽이 있을지라도 고치시고 회복시키시겠다는 하나님의 약속이 우리 자신과 가정과 직장을 지키시고 인도하실 줄 믿습니다. 무조건적으로 이루실 것입니다. 그 사실을 알고 믿어 하나님을 찬양하십시오.

"이제 종이 주의 종들인 이스라엘 자손을 위하여 주야로 기도하오며 우리 이스라엘 자손이 주께 범죄한 죄들을 자복하오니 주는 귀를 기울이시며 눈을 여시사 종의 기도를 들으시옵소서 나와 내 아버지의 집이 범죄하여 주를 향하여 크게 악을 행하여 주께서 주의 종 모세에게 명령하신 계명과 율례와 규례를 지키지 아니하였나이다 옛적에 주께서 주의 종 모세에게 명령하여 이르시되 만일 너희가 범죄하면 내가 너희를 여러 나라 가운데에 흩을 것이요"(느1:6-8)

4. 그는 인내하며 기도했습니다.

느헤미야는 이스라엘 백성들이 당하는 수치와 고난이 하나님의 말씀을 어김으로 인한 것임을 알았습니다. 그리고 그 죄는 하루 이틀 전에 지은 것이 아니라 그들의 선조로부터 내려온 역사의 일부분이었습니다. 그럼에도 불구하고 느헤미야는 포기하지 않고 기도했습니다. 오히려 당장의 상황을 극복하게 해달라고 기도하지 않고 오래 전부터 있었던 선조들의 잘못까지 하나님께 고하며 끈질기게 기도했습니다.

"옛적에 주께서 주의 종 모세에게 명령하여 이르시되 만일 너희가 범죄하면 내가 너희를 여러 나라 가운데에 흩을 것이요 만일 내게로 돌아와 내 계명을 지켜 행하면 너희 쫓긴 자가 하늘 끝에 있을지라도 내가 거기서부터 그들을 모아 내 이름을 두려고 택한 곳에 돌아오게 하리라 하신 말씀을 이제 청하건대 기억하옵소서 이들은 주께서 일찍이 큰 권능과 강한 손으로 구속하신 주의 종들이요 주의 백성이니이다 주여 구하오니 귀를 기울이사 종의 기도와 주의 이름을 경외하기를 기뻐하는 종들의 기도를 들으시고 오늘 종이 형통하여 이 사람 앞에서 은혜를 입게 하옵소서 하였나니 그 때에 내가 왕의 술 관원이 되었느니라"(느1:8-11)

5. 그는 능력을 믿으며 기도했습니다.

느헤미야는 지금 이스라엘 백성들이 당하는 고난이 하나님의 말씀을 지키지 않아서임을 인정했습니다. 그리고 느헤미야는 또한 하나님이 남겨주신 약속의 말씀을 알고 있었고, 하나님께서 그의 약속들을 기억해 주시기를 기도했습니다. 하나님께서 그의 사람들을 기억해 주시기를 기도했습니다. 하나님께서 그의 탄원을 기억해 주시기를 기도했습니다.

우리의 기도는 어떻습니까?

느헤미야는 당시 아주 중요한 요직에 있었습니다. 그 당시에는 왕을 시해하려는 쿠데타가 비일비재했는데 음식에 독약을 넣는 것이 일반적이었습니다. 느헤미야는 그 일들을 막아내는 역할을 하고 있었습니다. 왕에게 엄청난 신뢰를 받는 사람이 아니라면 이 일을 시키지 않습니다. 이런 그였기에 별 다른 잘못만 저지르지 않으면 편안하게 그의 삶을 살 수 있었습니다.

그러나 아브라함이 그의 부모 친척 아버지의 집을 떠나 하나님께서 가라고 하신 땅으로 갔듯이 느헤미야도 위험, 반대, 궤책이 난무하는 곳을 향해 떠났습니다.

영적 리모델링은 가만히 있어서 되는 것이 아닙니다.

수고가 있어야 합니다. 그것에 대한 대가를 치를 때 하나님께서 역사하십니다.

주 예수 그리스도, 그분은 우리의 부서진 인생을 리모델링하기 위하여 오셨습니다. 그 분은 하늘의 편안한 곳에서 이 땅에 오셨습니다. 그 분은 육신의 옷을 입으셨습니다. 그리고 십자가에서 우리 대신 죽으셨습니다.

그분을 믿는 우리의 인생은 리모델링되어야 합니다.

하나님께서는 수세기 이전에 선지자 이사야를 통하여 말씀하셨습니다,

"여인이 어찌 그 젖 먹는 자식을 잊겠으며 자기 태에서 난 아들을 긍휼히 여기지 않겠느냐 그들은 혹시 잊을지라도 나는 너를 잊지 아니할 것이라 내가 너를 내 손바닥에 새겼고 너의 성벽이 항상 내 앞에 있나니"(사49:15-16)

느헤미야가 처해 있는 상황을 다시 한 번 생각해봅시다.

먼저 느헤미야의 정확한 신분이나 지위는 밝혀지지 않았지만 포로의 신분으로 왕궁에 머물렀던 것으로 보아 아마도 왕에게 대단한 인정을 받고 있었을 것이며 먹고 사는 일에는 전혀 지장이 없었을 것입니다. 이처럼 자기의 안위가 평탄한 상황에서 그는 유다에서 돌아온 친구들에게 고국의 소식을 들었는데 당장 손을 써야할 만큼 매우 급박했습니다.

"그들이 내게 이르되 사로잡힘을 면하고 남아 있는 자들이 그 지방 거기에서 큰 환난을 당하고 능욕을 받으며 예루살렘 성은

허물어지고 성문들은 불탔다 하는지라"(느1:3)

사로잡힘을 면한 사람들이라면 그나마 삶이 온전해야 하는데 남아있는 사람들이 당하고 있던 것은 큰 환란과 능욕이었습니다. 그리고 성지였던 예루살렘의 성벽은 불타고 허물어져 있었습니다.

느헤미야는 이 일에 아무런 상관이 없었기에 책임감을 가지지 않았어도 됐습니다. 그러나 그는 이 일로 인해 슬퍼했고, 금식했으며 하나님의 은혜를 구했습니다. 그는 자신의 동포들과 고국 땅이 처한 암울한 상황을 리모델링을 통해 타개하기 위해서 먼저 자신의 중심을 바로잡아 제대로 된 기초공사를 했으며 그로 인해 응답을 받았습니다.

예루살렘 성이 불타고 있는 당시의 상황은 '하나님의 보호의 상실'을 의미했습니다.

다시 말씀 드리지만 예루살렘은 단순한 성이 아니라 이스라엘 백성에게 임하는 하나님의 보호하심과 함께하심의 상징이었습니다. 느헤미야는 이런 상황에서 닥친 비참한 일들에 어쩌면 무력감을 느꼈을 수도 있습니다. 당시 그의 신분으로는 이 일을 극복하기 위한 어떤 일도 할 수 없었습니다.

그러나 그는 이런 비참한 상황에서 다시 회복시킬 분이 누구인지 알았습니다.

그리고 그분의 응답을 받기 위해서 어떤 일을 해야 하는 지도 알았습니다.

느헤미야는 비참한 고국 땅을 재건하기 위해서 먼저 자신의 신앙의 기초공사를 새로 했습니다. 그리고 그로 인해서 하나님의 응답을 받았습니다. 먼저 스스로의 힘으로 애를 쓰려고 하기보다는 하나님을 인정하고, 죄를 회개하고, 은혜를 간구하자 하나님께서 응답을 하신 것입니다.

지금까지 느헤미야를 통해 배운 교훈들을 다음과 같이 정리할 수 있습니다.

1. 먼저 인생에는 자의건 타의건 때때로 리모델링의 순간이 찾아온다는 것을 기억하십시오.

그것은 내 인생에만 국한된 일일 수도 있고, 가정이나 직장, 혹은 신앙에 관련된 일일 수도 있습니다. 무너진 예루살렘 성벽처럼 지금 나의 삶이나 신앙이 황폐하지는 않은지 먼저 점검하는 자세가 필요하며 리모델링이 필요한 순간이라는 판단이 서면 그 다음으로 하나님께 내 삶의 초점을 맞추는 기초공사가 필요합니다.

2. 느헤미야가 예루살렘이 불타고 거주민들이 능욕을 당하는 급박한 상황에서도 서두르지 않았듯이 서두르지 마십시오.

느헤미야는 먼저 기초공사에 집중해야 한다는 것을 알았기 때문에 진심으로 하나님께 기도했고, 더욱 하나님께 집중하기 위해서 금식을 했습니다.

　리모델링이 필요한 순간은 다양한 신호로 우리 인생에 나타납니다. 그러나 제 아무리 급박한 일이라 해도 먼저 손을 쓰지 말고 인생의 주권자가 하나님이심을 인정하는 기초공사에 들어가야 합니다.

　3. 하나님을 인정하고 그 분의 손에 나의 삶을 다시 맡기는 기도를 드렸다면 주님을 의지하십시오.

　말씀을 어긴 죄로 이스라엘 백성들이 고난을 당했듯이 마음에 쌓였던 무거운 죄 짐을 주님께 고백하며 죄를 용서하시고 새로운 언약을 내려주시는 주님을 다시 의지해야 합니다. 그 후에 느헤미야와 같이 지금 상황에 필요한 기도제목을 간구하십시오. 설령 그대로 이루어지지 않는다 하더라도 더 좋은 방향, 아니 가장 좋은 방향으로 인도해주실 주님이심을 고백하십시오.

　리모델링에 앞선 기초공사는 나의 계획과 뜻을 점검하는 것이 아니라 나를 하나님께 맞추고, 말씀을 통해 회개하고 다시 하나님 앞에 서는 것임을 잊어서는 안 됩니다.

2

4가지 기둥을 세우라!

미국 노스웨스턴 대학의 심리학자 닐 로즈 교수에 따르면 후회에는 두 가지 종류가 있다고 합니다.

첫 번째 후회는 했던 행동에 대한 후회이고, 두 번째는 하지 않았던 행동에 대한 후회입니다. 그런데 재밌는 것은 겉으로 보기에는 비슷한 결과가 나오는 행동이라 하더라도 했던 행동에 대한 후회를 하는 사람의 심리상태나 면역체계가 더 건강하다는 점입니다.

예를 들어 어떤 여자에게 고백을 했다 차인 사람이 있고, 고백을 할까 고민하다가 결국 못하고 놓친 사람이 있다고 칩시다. 고백을 했던 사람의 경우는 대부분 "나랑 인연이 아닌가 보지 뭐"라고 쉽게 포기를 하고 심리적으로 극복을 하는 반면 고백을 하지 못한 사람의 경우에는 "그때 고백을 했어야 하는 건데"라는 생각에 사로잡혀 몇 년이 지나도 아쉬운 마음을 갖게 된다는 것 입니다.

그러나 살인과 같은 범죄를 저지르는 경우에는 또 이야기가 다릅니다. 이미 저질렀던 죄를 이겨내지 못해 평생 마음의 짐을 벗지 못하는 사람들은 매우 많습니다. 죄를 지었던 순간을 대부분 다시 떠올리고 싶어하지도 않습니다. 결국 인생은 어떤 후회를 하느냐 보다, 어떻게 조금 더 후회를 하지 않는 삶을 사느냐가 중요합니다. 그리고 제때 인생을 리모델링하는 일이 이런 후회들을 하지 않는 삶으로 이끌어 줍니다.

우리 인생을 딱 1년, 아니 한 달만 뒤돌아봐도 많은 후회가 있음을 알 수 있습니다.

다시는 반복하고 싶지 않은 습관도 있고,

아직도 치유되지 않은 마음의 상처도 있고,

직업과 직장에 대한 회의와 갈등도 있고,

다시 만나고 싶지 않은 사람도 분명 존재할 것입니다.

"개혁이 혁명보다 어렵다"는 말이 있듯 내 삶을 영적으로 리모델링한다는 것이 쉬운 것이 아닙니다. 때로는 이런 일들이 너무 어렵게 느껴져 무력감에 빠지기도 하고, 아예 새롭게 시작할 방법이 없는지 고심하기도 합니다. 그러나 우리가 기억해야 할 것은 예수님은 우리보다 더한 상황 속에서도 사람들에게 구원의 선물을 주심으로 하나님의 자녀로 다시 태어나게 하는 일을 포기하지 않으셨다는 사실입니다.

인류를 구원하려는 예수님의 계획에 비해서 예수님의 공생애 기간을 통해 변화된 사람은 많지 않았습니다. 그러나 예수님은 포기하지 않으셨고, 그로 인해 열 두 제자가 세워져 전 세계에 복음이 퍼져나가는 기틀을 세우게 되었습니다.

바울 역시 목숨을 아끼지 않고 힘과 지혜를 짜내어 진리를 사람들에게 전했지만 변화된 많은 사람보다 더 많은 사람들이 복음을 듣지 않았고 오히려 바울을 훼방하는 무리들도 많았습니다. 그러나 예수님과 열 두 제자와 마찬가지로 바울 역시 이런 일들에 막혀서 사명을 다하지 않았다면 어쩌면 지금 우리는 복음을 모르고 살았을 수도 있습니다.

이렇듯 인생을 리모델링하는 것은 그 대상이 자신이든 타인이든 결코 쉬운 일은 아닙니다. 그러나 불가능한 일은 아닙니다. 기초공사를 튼튼히만 했다면 하나님이 인도하시는 방향으로 쭉 따라가는 여정만으로도 리모델링을 위한 일들이 하나 둘 씩 일어납니다.

성경은 바로 이런 과정을 경험한 사람들의 이야기며 이런 사람들에게 임하시는 하나님의 은혜에 대한 이야기입니다. 크게 보면 예수님도 이 일을 위해서 이 땅에 오셨습니다. 잘못된 길을 선택해 파멸로 치닫고 있는 사람들을 구원하시고 의와 생명의 길로 하나님과 사람들을 이어주기 위한 리모델링을 위해서 말입니다.

구약의 많은 인물들의 삶에서 우리는 이 사실을 확인할 수 있습니다.

기드온과 삼백용사는 어떻습니까? 하나님은 많은 숫자의 미디안 군대를 상대하기 위해서 오히려 모인 병사들을 집으로 돌려보내라고 한 뒤 300명 만을 세우셨습니다. 그리고 기드온은 하나님의 말씀을 따라서 수적 열세를 극복하기 위해서 한 명의 병사라도 더 모아야 한다는 5살짜리도 알만한 지극히 상식적인 전술을 버리고 다시 계획했습니다. 그리고 사람의 힘이 아닌 하나님의 능력을 통해 전쟁에서 대승을 거두었습니다.

"여호와의 사자가 기드온에게 나타나 이르되 큰 용사여 여호와께서 너와 함께 계시도다 하매"(삿6:12)

사람의 생각대로 짠 설계도를 하나님의 생각대로 바꾸었기 때문입니다.

하나님의 말씀을 따르고 주님의 통치권에 삶을 내어드리는 사람들은 하나님의 능력을 체험하고 하나님의 은혜를 체험하게 됩니다.

리모델링에 앞서서 기초공사를 제대로 했다면 이제는 설계도를 다시 그려야 합니다. 올바른 표지판이 올바른 목적지로 인도하듯, 리모델링의 시작 단계에서 설계도를 그리고 필요한 재료를 확인하는 일이 필요합니다.

느헤미야는 이런 방식으로 시작되는 하나님의 리모델링의 방식을 너무도 잘 알고 있었고 그것을 실행에 옮겼던 사람입니다. 그래서 열악한 환경에서 몸과 마음이 황폐할 대로 황폐해진 이스라엘 사람들이 하나로 뭉치도록 이끌 수 있었으며, 이를 방해하려는 숱한 권력자들의 집요한 훼방을 극복하고 성벽을 52일 만에 재건할 수 있었습니다.

우리가 인생의 어떤 영역에 대한 리모델링의 필요성을 깨닫고 기초공사를 튼튼히 하면 하나님과의 관계가 회복되고 그로 인해 무엇이 잘못되었는지, 무엇을 고쳐야 하는지에 대해서 알게 됩니다.

바로 새로운 설계도가 주어지는 것 입니다. 새로운 설계도를 바탕으로 공사를 하기 위해서는 4개의 기둥이 필요합니다. 우리는 이 4개의 기둥이 무엇인지 느헤미야의 삶을 통해서 잘 깨달을 수 있습니다.

첫 번째 기둥—열정

체코의 '인간 기관차' 에밀 자토펙은 역사상 가장 위대한 육상 선수로 불립니다. 그는 두 번의 올림픽에서 총 4개의 금메달과 1개의 은메달을 땄는데, 두 번째 올림픽에서는 장거리 경주와 마라톤에서의 메달을 동시에 땄습니다. 마라톤 메달과 일반 육상종목의 메달을 딴 이 기록은 에밀 자토펙만이 이룬 것으로 지금까지 누구도 깨지 못했습니다. 또한 최초로 과학적인 훈련 방법인 인터벌 트레이닝을 고안해낸 그는 열정에 대해서 다음과 같은 명언을 남겼습니다.

"한 번의 훈련으로는 아무것도 일어나지 않는다.

자신을 채찍질하며 수백, 수천 번 훈련했을 때,
신체의 여러 부분에서 발전이 일어날 것이다.

비가 온다고? 그건 문제가 안 된다.
피곤하다고? 그 또한 문제가 안 된다.
부상을 당했다고? 그 역시 문제가 안 된다.
진정한 열정이 있다면 아무것도 문제가 되지 않는다."

때때로 우리에게 슬픔이나, 고독이나, 우울 같은 부정적인 감정
이 찾아옵니다.

여러 가지 원인이 있겠지만, 근본적인 원인은 아마 열정의 부재
때문에 나타나는 현상일 것입니다.

이런 말이 있더군요.

"열정이란 하나님이 우리 마음에 주신 방부제이다."

에머슨은 "어떠한 일도 열정 없이 성취된 것은 없다."고 했습니
다. 열정은 인생의 어떤 목표를 이루기 위한 동력이자 에너지입니
다.

만약 우리 삶을 재건하고자 하는 의지가 있고, 또한 그 방법을
안다고 해도 열정이 없다면 실제로 공사는 시작도 할 수 없게 됩
니다.

데이빗 코스톤은 사람들의 열정이 부족한 이유를 4가지로 지적
하고 있습니다.

(1) 어떤 소중한 것을 친숙하도록 내버려 두었기 때문이다.(적극
   적이지 못함)

(2) 성공보다는 용납과 인정을 원하기 때문이다.(단호한 결단이
   없음)

(3) 나이가 들면서 무관심이 더해가는 경향이 있기 때문이
   다.(매너리즘에 빠짐)

(4) 더 큰 목적이 없기 때문이다.(목표부재)

열정은 우리를 하나님의 사람으로 변화시켜 전진하게 할 것입니
다. 그러므로 어떤 삶의 영역을 재건하고자 한다면 먼저 내가 이
것을 바꾸기를 얼마나 열망하는지, 어느 정도의 열정을 가지고 있
는지를 먼저 체크해봐야 합니다.

느헤미야는 예루살렘의 불타는 성벽을 재건하고자 하는 뜨거
운 열정이 있었습니다. 그리고 그 열정은 고향에 대한 걱정으로 얼
굴에 드러났습니다. 가슴 속에 어떤 열정을 품고 있는 사람은 어
떤 방식으로든 겉으로 드러나게 마련입니다. 그리고 왕이 느헤미
야의 표정을 보고 수심이 있는지 묻자 느헤미야는 잠시의 망설임
도 없이 자신의 마음을 왕에게 고백했습니다.

"왕께 대답하되 왕은 만세수를 하옵소서 내 조상들의 묘실이
있는 성읍이 이제까지 황폐하고 성문이 불탔사오니 내가 어찌 얼
굴에 수심이 없사오리이까 하니"(느2:3)

우리가 여기서 주목해야 할 것은 느헤미야의 열정은 단순히 고국의 좋지 않은 상황을 걱정하는 가벼운 마음으로 왕에게 이와 같은 말을 한 것이 아니라 자칫하면 죽을 지도 모르는 상황에서 목숨을 걸고 자기 뜻을 고백한 뜨거운 열정이라는 사실입니다.

바로 앞 절인 2절을 보십시오.

"근심이 있느냐?"는 왕의 질문을 듣고 느헤미야가 '크게 두려워하여' 대답을 했다고 했습니다. 절대 권력자인 왕 앞에서 걱정 서린 표정을 하고 있는 것은 자칫 목숨을 잃을 수도 있을 정도의 큰 잘못이었습니다. 그러나 느헤미야는 두려워할 지언정 가슴 속에 품은 열정을 숨기지는 않았습니다. 그리고 이때의 상황과 죽음을 두려워하지 않는 느헤미야의 열정은 마치 아하수에로 왕 앞에 나간 에스더의 모습과도 비슷했습니다.

"당신은 가서 수산에 있는 유다인을 다 모으고 나를 위하여 금식하되 밤낮 삼 일을 먹지도 말고 마시지도 마소서 나도 나의 시녀와 더불어 이렇게 금식한 후에 규례를 어기고 왕에게 나아가리니 죽으면 죽으리이다 하니라"(에4:16)

지금도 마찬가지지만 에스더의 시대에도 왕(권력자) 앞에 함부로 서거나 말을 하는 것은 매우 큰 잘못이었습니다. 그로 인해 죽는다 해도 매우 당연한 일이었습니다. 그러나 에스더는 자기 민족을 위해서 하나님을 굳건히 의지했고, 그로 인해 하만이 세웠던 사람의 계획이 무너지게 되었으며 에스더를 통해 유다 민족까지 하나님의 은혜를 입게 되었습니다.

느헤미야의 열정은 바로 이런 열정이었습니다. 물론 모든 일에 이처럼 목숨을 거는 비장한 열정이 필요한 것은 아닙니다. 그러나 하나님 안에서 무언가 이루려고 한다면 무언가를 시작할 수 있을 정도의 열정은 필요합니다.

사람들은 대부분 어떤 일을 시도하고 얼마 되지 않아서 환경이나 다른 이유를 들어 쉽게 포기를 합니다.

의욕을 가지고 시작한 일들이 얼마 지나지 않아 대부분 중단되는 것은 바로 열정이 없기 때문입니다. 열정이 있는 사람은 실패를 했다 해도 포기하지 않습니다. 실패가 끝이 아니니까요.

미국의 동기 부여가인 지그 지글러가 한 말입니다.

"우리 인생의 최대 영광은 한 번도 실패하지 않는데 있는 것이 아니라 넘어질 때마다 다시 일어서는 데 있다. 가장 성공한 사람은 한 번도 실패하지 않는 사람이 아니라 실패할 때마다 조용히 그러나 힘차게 다시 일어난 사람이다. 실패는 끝이 아니라 성공의 또 다른 시작이다. 실패는 다시 시작할 기회이다. 도전을 포기하지 않는 한 당신은 결코 패배자가 아니다."

도전을 포기하지 않는 한, 즉 열정이 있는 한, 우리에게는 기회가 있습니다.

엄청난 의욕을 보이다가도 한 번 실패로 인해서 포기를 하는 사람은 열정이 아닌 호기와 책임 없는 낙관론을 가진 사람입니다.

영국의 위대한 수상 윈스턴 처칠은 그래서 "성공이란 계속되는 실패에도 열정을 잃지 않는 능력이다."라는 말을 했습니다. 현대에 와서는 많은 심리학자들이 사람들에게 열정이 부족한 이유에 대해서 많은 연구를 했는데 그 이유들을 살펴보면 크게 다음의 세 가지로 요약됩니다.

첫째는, 성취보다는 용납과 인정을 바라는 마음 때문

많은 사람들이 자신의 약함이나 잘못된 점을 고치거나 더 좋은 환경으로 바꾸려고 노력하기 보다는 자신의 부족한 모습을 다른 사람들이 무조건 이해해주고 추켜 세워주기를 바랍니다. 설령 이런 자세를 만족시켜주는 환경에 있다 하더라도 그것은 매우 일시적인 안도감을 줄 뿐 스스로를 발전시키거나 신앙을 성장시키는 데에는 전혀 도움이 되지 않습니다.

느헤미야가 이와 같은 삶의 자세를 지녔다면 그는 이스라엘 성벽을 재건하고 백성들을 위해 하나님께 기도하거나 왕에게 간언을 하지 않았을 것입니다. 그 일은 불가능에 가까울 정도로 힘든 일 이어서 그냥 느헤미야 본인의 안위를 위해 일하는 것이 훨씬 건설적이고 효율적인 일이었습니다.

하지만 느헤미야는 슬픔을 통해 성령님이 주시는 감동을 느꼈고 이 불가능한 일을 향한 열정을 품고 하나님께 기도했습니다. 바로 이런 느헤미야의 성품 때문에 느헤미야는 선지자가 아님에도 구약에서 매우 중요한 인물로 평가를 받고 또 가장 고귀하고 인격적이며 의협심이 강한 인물로 평가 받고 있습니다.

둘째는, 자신과 자신의 일 외에는 점점 무관심해지기 때문

프랑스의 문학평론가이자 세계적인 석학인 기 소르망은 "일반적으로 자발적으로 기부가 일어나는 선진국에 비해서, 한국의 기업가나 부자들은, 죄를 지어서 이미지를 쇄신하려고 할 때나 벌금의 목적으로 기부를 하는 경우가 많고, 나라 소득 수준에 비해서 국민들의 기부참여율이 매우 낮은 수준이다"라고 비판했습니다. 게다가 가진 사람들이 자선활동이나 기부에 사용하는 연구인 '노블레스 오블리주 지수'에서도 경제협력개발기구(OECD)에 속한 나라들 중 30위로 꼴찌를 했습니다.

잘 사는 사람과 못 사는 사람의 격차를 조사하는 양극화 지수에서도 가장 높은 등수를 차지해 '빈곤선진국'으로 해외에 소개된 적도 있습니다.

이와 같은 결과가 말해주는 것이 무엇일까요?

그것은 잘사는 사람은 못 사는 사람에게 관심이 없고, 또한 자신보다 어려운 상황에 처해 있는 사람을 위해 무엇을 하고자 하는 일에 우리나라 국민들이, 그리고 성도들이 관심이 매우 적다는 것을 알려줍니다.

그런데 바로 이런 모습들이 나의 인생을 더욱 풍족하게 하고, 우리 사회를 더 나은 곳으로 만들지 못하게 하는 열정의 저해요인이 되고 있습니다.

느헤미야는 이스라엘의 처참한 소식을 듣고는 모든 신경과 열정을 다 그곳에 쏟고 있었습니다. 비록 몸은 안락한 수산 궁에 있었지만 그의 마음과 뜻은 하나님의 보호하심이 떠난 예루살렘을 향해 있었습니다. 또 그랬기에 나중에 그런 환경이 주어졌을 때 일각의 망설임도 없이 결단을 내릴 수 있었습니다. 이제 더 이상 '내 코가 석자'라는 생각 보다는 '네 이웃을 네 몸과 같이 사랑하라'는 예수님 말씀을 따라야 할 때입니다. 또한 이것이 우리 삶을 더 나은 방향으로 이끌어주고 리모델링을 시켜 주는 열정의 재료가 됩니다.

셋째는, 더 큰 목적이 인생에 존재하지 않기 때문

우리는 태어나면서부터 어떤 성취를 이루고자 하는 목표를 갖고 살아왔습니다. 어떤 사람들에게는 학업이, 어떤 사람들에게는 편안한 노후가, 어떤 사람들에게는 역사에 길이 남을 업적이 목표가 됩니다. 그러나 목적이라는 방향성이 분명하지 않은 목표는 어느 순간 끝이 납니다. 대부분의 사람들은 성인이 되어 직장을 갖게 되고, 가정을 꾸리면서 삶에 치여 하늘이 아닌 땅을 바라보고 앞이 아닌 뒤를 회상하며 살아갑니다.

느헤미야는 왕의 참모가 되었으므로 이미 개인적으로는 충분한 성공을 거뒀습니다. 그러나 그에게는 예루살렘의 재건이라는 더 큰 목적이 존재했습니다. 그래서 느헤미야는 현실에 안주하지 않고 더 나은 목적을 위해 모험을 할 수 있었습니다.

여기서 한 가지 중요하게 생각해야 할 것은 느헤미야가 성벽을 재건하는 것은 단순히 건축물을 다시 세우는 개념이 아니었다는 점입니다.

"만일 내게로 돌아와 내 계명을 지켜 행하면 너희 쫓긴 자가 하늘 끝에 있을지라도 내가 거기서부터 그들을 모아 내 이름을 두려고 택한 곳에 돌아오게 하리라 하신 말씀을 이제 청하건대 기억하옵소서"(느1:9)

느헤미야는 예루살렘이 망하게 되고 이스라엘 백성들이 포로 생활을 하게 된 것이 하나님의 말씀을 가볍게 여기고 무시했기 때문이라는 것을 알았습니다. 불타는 성벽과 오랜 포로 생활은 그로 인해 나타난 결과였습니다. 그렇기 때문에 느헤미야가 성벽을 재건하고 백성들을 다시 모으고자 하는 것은 하나님으로부터 멀어진 백성들을 다시 돌아오게 하려는 의도였습니다.

우리는 이를 통해 인생의 목적이 무엇인지 우리의 마음에 주신 하나님의 뜻이 무엇인지를 다시 한 번 살펴봐야 합니다. 하나님이 주신 우리의 인생의 목적은 호위호식하며 나만 잘사는 삶이 아니라 다른 사람의 안위와 영혼에 관심을 갖고 복음을 전하는 일의 다양한 방법이라는 것을 기억해야 합니다.

이제 느헤미야의 심정과 기도를 깊이 묵상하면서 내가 인생을 재건해야할 이유와 열정이 충분한지 점검해 보십시오. 먼저 우리 인생에 열정을 회복했다면 새로운 일을 시작할 에너지가 준비된 것이며 장거리 여행을 떠나기 위해서 자동차에 시동을 걸 수 있는 환경이 조성된 것입니다.

재건하고자 하는 일이 크든 작든 상관없이 열정을 가지고 최선을 다 하십시오.

골로새서 3장 23절 말씀을 기억하십시오.

"무슨 일을 하든지 마음을 다하여 주께 하듯 하고 사람에게 하듯 하지 말라"

두 번째 기둥—기도

기도는 우리 삶을 바꾸어 주기 때문에 무엇이 필요한 때에만 가끔씩 먹는 외식이 아니라 매순간 필요한 호흡입니다. 따라서 인생을 재건하는 데에도 당연히 기도가 필요합니다.

마태복음 7장 7절 말씀입니다.

"구하라 그리하면 너희에게 주실 것이요 찾으라 그리하면 찾아

널 것이요 문을 두드리라 그리하면 너희에게 열릴 것이니"

이 말씀이 기도 할 때에 우리가 가져야 할 자세입니다.
조금 더 구체적으로 살펴보면 다음과 같습니다.

첫 번째, 기도를 쉬지 말아야 합니다.

"쉬지 말고 기도하라"(살전5:17)
기도가 그만큼 우리 삶에 중요한 역할을 하기 때문이며 호흡처럼 필요한 것이기 때문입니다.

느헤미야 역시 언제나 하나님께 기도로 도움을 구하며, 답을 묻는 사람이었습니다. 느헤미야는 이스라엘의 어려운 소식을 들었을 때도 하나님께 기도와 간구를 했습니다. 그리고 왕이 "근심이 있느냐?"고 물었던 중대한 상황에서도 짧은 순간이지만 기도 했습니다.

"왕이 내게 이르시되 그러면 네가 무엇을 원하느냐 하시기로 내가 곧 하늘의 하나님께 묵도하고"(느2:4)

다시 말하지만 왕이 느헤미야의 얼굴을 보고 "근심이 있느냐?"고 물었을 때 느헤미야는 두려웠지만 더 큰 열정으로 극복하고 그 이유를 말했습니다. 그러자 왕이 다시 "그러면 무엇을 원하느냐?"고 묻자 그 긴박한 순간에도 먼저 하나님께 기도했습니다.

느헤미야가 구할 것은 당연히 고국으로 돌아가 성을 재건하는 것이었습니다. 그러나 느헤미야는 먼저 그 목적을 말하기 전에 하나님께 짧지만 간절한 마음으로 기도했습니다.

우리는 여기에 나오는 느헤미야의 기도에 주목해야 합니다.

느헤미야는 왕과의 대화 중에 목숨이 달려 있었지만 자연스럽게 기도를 했습니다. 자기가 바라는 목적을 곧바로 말하거나, 목이 떨어질까 두려워하기보다는 자연스럽게 기도가 나왔다는 것은 느헤미야가 어떤 일의 순간마다 항상 기도하는 습관을 가진 사람이었다는 것을 말해줍니다.

또한 사람이 세운 계획보다 하나님의 뜻에 따르는 것이 항상 우선임을 말해주기도 합니다. 처음 느헤미야가 황폐해진 이스라엘의 이야기를 들었던 것은 기슬르월, 즉 12월이었습니다. 그리고 왕에게 질문을 받은 것은 니산월, 4월이었습니다.

느헤미야가 고국의 황폐한 소식을 듣고 4개월 동안 매일 매순간 하나님께 기도하면서 무엇을 했겠습니까? 아마도 성벽을 재건하기 위해서 자신이 할 수 있는 모든 일을 알아보고 계획을 세웠을 것입니다. 그래서 왕이 "무엇을 원하느냐?"고 물었을 때 바로 대답할 말도 이미 정해져 있었을 것입니다. 그러나 느헤미야는 즉답을 하지 않고 먼저 기도 했습니다. 순간적이었지만 지금 상황에서 자신의 정한 계획을 왕에게 말하는 것이 하나님의 뜻인지를 먼저 여쭌 것입니다. 이와 같은 느헤미야의 모습은 실제적인 삶과 영적인 부분이 어떻게 균형을 이루어야 하는지 오늘 날의 성도들에게 아주 훌륭한 본이 되어 줍니다.

퇴직금을 털어 가게를 차린 40대 남자가 장사가 되지 않자 하나님께 간절히 기도를 드렸습니다.

"하나님 제발 부탁드립니다. 장사 좀 잘 되게 해주십시오. 만약에 한 달에 천만 원을 벌게 해주신다면 십일조를 두 배로 드리겠습니다."

그런데 기도를 드린 다음날부터 장사가 잘되어 그는 800만원을 벌었습니다. 한 달 매상을 확인한 남자는 다시 하나님께 기도를 드렸는데 몹시 화가 난 목소리로 다음과 같이 따졌습니다.

"하나님, 정말 대단~하십니다. 제가 떼먹을 걸 알고 먼저 당신의 몫을 떼어놓고 주시다니요."

위의 예화처럼 우리는 기도를 나의 필요를 채우기 위한 신비한 수단이나, 무조건적인 축복의 통로로 여기며 자기중심적으로 사용할 때가 많습니다. 그러나 다시 한 번 강조하고 싶은 것은 기도란 하나님의 뜻에 나를 맞추는 행위이며 나의 솔직한 심정을 있는 그대로 내어 놓고 예수님의 통치권을 인정하는 행위입니다.

두 번째, 기도는 매우 짧아도 응답이 있다는 것을 믿으십시오.

"왕이 내게 이르시되 그러면 네가 무엇을 원하느냐 하시기로 내

가 곧 하늘의 하나님께 묵도하고"(느2:4)

왕의 질문에 곧바로 대답하지 않고 기다리게 하는 것은 역시 매우 심한 중죄이기에 느헤미야의 기도는 왕도 눈치 채지 못할 만큼 매우 짧은 순간이었을 것입니다. 그러나 그 짧은 순간에 느헤미야는 분명한 응답을 받았고, 그 응답으로 인해 4개월 간 가슴에 품고 있었던 목적을 말할 수 있었습니다.

왕이 고국의 성벽을 재건하게 해달라는 느헤미야의 말에 "얼마나 걸릴 것이며 어떻게 할지 계획이 있느냐?"고 묻자 느헤미야는 조금의 막힘도 없이 대답했습니다.

"내가 또 왕에게 아뢰되 왕이 만일 좋게 여기시거든 강 서쪽 총독들에게 내리시는 조서를 내게 주사 그들에게 나를 용납하여 유다에 들어가기까지 통과하게 하시고 또 왕의 삼림 감독 아삽에게 조서를 내리사 그가 성전에 속한 영문의 문과 성곽과 내가 들어갈 집을 위하여 들보로 쓸 재목을 내게 주게 하옵소서 하매 내 하나님의 선한 손이 나를 도우시므로 왕이 허락하고 군대 장관과 마병을 보내어 나와 함께 하게 하시기로 내가 강 서쪽에 있는 총독들에게 이르러 왕의 조서를 전하였더니"(느2:7-9)

하나님은 우리에게 자유의지를 주셨고, 또한 생각할 수 있는 이성과 지혜를 주셨습니다. 우리는 하나님이 주신 이 도구들을 적극적으로 활용해야 합니다. 그러나 이것들을 활용하기에 앞서서 먼저 하나님께 묻고 응답을 구하는 기도가 생활화 되어 있어야 합니다.

　나의 생각으로는 완벽하더라도, "아니다"라는 하나님의 응답이 오면 과감히 포기할 줄도 알아야 하며, 아직 부족하고 모자란 것 같지만 그래도 "행하라"는 확신이 올 때는 무모하게 도전할 줄도 알아야 합니다.

　나의 노력과 계획이 하나님이 보시기에 합당하여 기도로 응답될 때 탄탄한 앞길이 펼쳐지며 이것이 바로 형통의 축복입니다.

　"모든 일이 뜻과 같이 잘 되어감"이라는 형통은 세상 사람들에게는 자신의 뜻대로 일이 풀려가는 것이지만 성도들에게는 하나님의 뜻대로 일이 풀려나가는 것입니다.

　기도로 하나님의 뜻을 알며 나의 삶을 맞춰갈 때에 이런 형통의 축복이 임하고 인생을 새롭게 재건하게 됩니다. 그러므로 우리는 느헤미야와 같이 늘 기도하는 사람이 되기를 힘써야 합니다.

　느헤미야에게 하나님은 '최후의 의지할 분'이 아닌 '제일 먼저 생각할 분'이었습니다. 자기 의지대로 모든 일을 펼쳐 놓고 최후에 두 손 들고 하나님께 오는 사람이 되기보다는 일의 시작단계부터 하나님을 먼저 찾고 뜻을 묻는 사람이 되어야 합니다.

　예수님의 말씀으로 물 위를 걷는 베드로가 의심으로 인해 물에 빠지게 됐을 때 드린 기도는 "주여, 나를 구해주소서!"라는 매우 짧은 기도였습니다. 그러나 주님은 응답하셨고, 베드로를 구해주셨습니다.

세 번째, 형식에 메인 기도에서 벗어나기 위해 노력하십시오.

"그러므로 내가 너희에게 말하노니 무엇이든지 기도하고 구하는 것은 받은 줄로 믿으라 그리하면 너희에게 그대로 되리라"(마 21:24)

느헤미야의 기도는 정말로 '짧은' 기도였지만 또한 '응답 받은' 기도였습니다.

"기도는 길어야 한다.", "기도에는 이런 단어가 사용되어야 한다."와 같이 잘못 퍼져있는 기도에 대한 고정관념들을 이제 벗어버리십시오. 예수님은 대중 앞에서 길게 기도함으로 인정받기를 좋아했던 바리새인들처럼 되지 말라고 사람들에게 경고하셨고, 또한 중언부언하지 말라고 말씀하셨습니다.

네 번째, 기도 할 때에 중언부언 하지 마십시오.

"또 기도할 때에 이방인과 같이 중언부언하지 말라 그들은 말을 많이 하여야 들으실 줄 생각하느니라"(마6:7)

중언부언의 뜻은 이미 한 말을 되풀이 하는 말입니다.

중언부언은 마음에 준비가 되어 있지 않을 때에 일어나는 현상입니다.

왕이 느헤미야에게 "수심이 있느냐?"라고 물었을 때 느헤미야는 '이거 큰일 났구나!' 라고 생각하지 않고 주님께 기도를 했습니다. 이와 같이 인생의 큰 일이 닥쳤을 때, 정말로 재건이 필요하다고 생각하고 원한다면 '이거 큰일 났구나!'라며 걱정부터 하는 사람이 되지 말고 느헤미야와 같이 먼저 기도로 하나님께 나아가 준비하는 기도의 사람이 되십시오.

빌립보서 4장 6절 말씀입니다.

"아무 것도 염려하지 말고 다만 모든 일에 기도와 간구로, 너희 구할 것을 감사함으로 하나님께 아뢰라."

세 번째 기둥 — 결단

사람이 결단을 내리는 순간은 이전과는 뭔가 다른 행동을 선택할 때입니다.

어제와 같은 삶을 오늘 반복하는 데에는 아무런 결단이 필요하지 않습니다. 그러나 도저히 할 수 없을 것 같은 일에 도전하고 또 요구하는 일에는 결단이 필요합니다.

어떤 현명한 사람은 어리석은 사람에 대한 정의를 다음과 같이 내렸습니다.

"어리석은 사람은 늘 해오던 행동을 하면서 새로운 결과를 기다리는 사람이다."

찰스 스윈돌 목사님은 "진정한 그리스도인은 어떤 계획을 세우기보다는 믿음을 통해 살아갑니다"라는 말을 했습니다. 자신의 생각보다 믿음을 통해 하나님의 계획을 따라 살아가기 위해서는 결단이 필요합니다. 인생을 만족하며 사는 사람은 매우 적습니다. 그러나 대부분은 리모델링을 하고자 하는 결단을 내리지 못합니다. 따라서 지금의 상황을 개선하기 위해서 무언가 바꿔야겠다고 마음을 먹는 사람은 이미 그것만으로도 리모델링에 필요한 재료를 갖고 있는 것입니다.

계획을 세우고 그 일을 성취하기 위해 결단하는 행동은 삶에 중요한 요소이고 그 결과도 만족스럽습니다.

아마 지금까지 가장 위대한 농구 선수는 마이클 조던이라고 할 수도 있을 것입니다. 미국 프로 농구 연맹에서 15년간 선수 생활을 하면서 조던은 경기당 평균 32득점을 하였습니다. 시카고 불스 팀과 어떤 팀이 경기를 하든지 누가 그를 방어하든지 어떤 부상을 당하든지 상관없이 그는 매 경기마다 평균 32득점을 올렸습니다.

어떤 기자가 어떻게 그렇게 오랜 세월에 걸쳐 이 평균 득점을 유지할 수 있었는지 물었습니다. 마이클 조던은 이렇게 대답했습니다.

"저는 문제를 단순화시켰습니다. 쿼터 마다 8득점 씩만 기록하면 경기당 32득점하게 됩니다. 저는 쿼터 마다 그 8득점을 하는 어떤 방법을 찾아냅니다."

마이클 조던의 말은 나름대로의 어떤 경기에 계획을 세우고 경기를 임한다는 뜻입니다. 경기를 할 때마다 마음 속에 어떤 결단을 가지고 시작한다는 말입니다. 마이클 조던은 어디로 갈 것인지에 대한 목적과 그 목적에 도달하는 방법을 알고 있었습니다. 그는 목표를 마음속에 그렸고 자신이 그 목표에 도달할 계획을 발견하였습니다.

느헤미야는 성벽을 재건하고 싶다는 청을 들은 왕이 기한을 묻자 한 술 더 떠서 도움을 달라고까지 합니다. 왕 앞에서 얼굴에 근심을 보인 것으로 이미 큰 죄를 지은 것인데, 왕이 그 죄를 묻지 않고 성벽을 재건하고자 하는 느헤미야의 청을 수락한 것만으로 이미 큰 은혜를 입은 것입니다. 그러나 느헤미야는 지금 왕 앞에 선 것이 하나님이 주신 기회라는 것을 깨닫고는 왕에게 도움을 요청하는 담대한 결단을 내렸습니다.

느헤미야는 왕에게 무려 세 가지나 되는 도움을 요청했습니다. 그것은 왕의 허락과 보호, 공급이었습니다.

앞서 하나님께 드린 짧은 기도가 분명히 응답받지 않고서는 요청할 수 없는 엄청난 것들이었습니다. 그리고 성벽을 재건하는 일에 꼭 필요한 일들이었습니다. 그리고 이 요청은 모두 하나님에 대한 응답의 확신 때문에 할 수 있게 된 것들이었습니다.

"내가 또 왕에게 아뢰되 왕이 만일 좋게 여기시거든 강 서쪽 총독들에게 내리시는 조서를 내게 주사 그들에게 나를 용납하여 유다에 들어가기까지 통과하게 하시고"(느2:7)

느헤미야가 왕에게 요청한 3가지를 보십시오.

첫 번째, 느헤미야는 먼저 왕의 허락을 요청했습니다.

"왕에게 아뢰되 왕이 만일 좋게 여기시고 종이 왕의 목전에서 은혜를 얻었사오면 나를 유다 땅 나의 조상들의 묘실이 있는 성읍에 보내어 그 성을 건축하게 하옵소서 하였는데"(느2:5)

그리고 단순히 말로 갔다 오라는 허락이 아닌 왕의 인장이 찍힌 공식적인 문서를 요구했습니다.(느2:7) 뒤에 알게 되겠지만 느헤미야가 성벽을 재건하는 일에는 수많은 훼방꾼들이 나타나 중상모략을 했습니다.

느헤미야는 장차 이런 일이 있을 것을 예측하고 대비하기 위해 동료들과 함께 길을 무사히 다닐 수 있게 왕의 허락을 요구했습니다. 그러나 느헤미야가 왕의 허락을 요구한 것은 하나님의 허락을 통한 확신이 있었기 때문이었습니다.

지혜의 책인 잠언에는 다음과 같은 말씀이 있습니다.

"왕의 마음이 여호와의 손에 있음이 마치 봇물과 같아서 그가 임의로 인도하시느니라"(잠21:1)

제 아무리 당대의 가장 강력한 권력을 지닌 왕이라 하더라도 하나님이 응답하신 이상 분명히 요구를 들어주리라는 확신에서 나온 것이 느헤미야의 요청이었습니다.

물론 느헤미야는 왕의 신임을 얻고 있었습니다.

또한 왕은 느헤미야의 말을 듣고 우호적으로 생각하고 있었습니다.

그러나 느헤미야가 가장 신뢰했던 것은 만왕의 왕이신 하나님이 주신 마음의 감동이었습니다.

우리 역시 모든 일 가운데 하나님께서 함께 하신다는 사실을 믿어야 합니다. 그리고 아무리 높은 권세를 지닌 사람과 그리고 넘기 힘들 것 같은 어려움이 존재한다 해도 그 위에 계시는 모든 문제의 해결자이신 만왕의 왕 하나님이 계신다는 것을 알아야 합니다. 그렇기 때문에 기도가 정말로 중요한 것이며 하나님의 응답이 결과의 성패를 좌우하는 것입니다. 이런 생각과 믿음이 굳건히 자리할 때에 바로 결단을 내릴 수 있게 됩니다.

두 번째, 느헤미야는 또한 왕의 보호를 요청했습니다.

"군대 장관과 마병을 보내어 나와 함께 하게 하시기로 내가 강 서쪽에 있는 총독들에게 이르러 왕의 조서를 전하였더니"(느2:9)

왕은 단순히 호위병 몇 명을 보내지 않고 장관과 마병을 보내 느헤미야 일행을 강도나 도적들로부터 완벽하게 보호해 주었습니다.

느헤미야가 성벽을 재건하러 가기 위해서 보호를 요청한 것은 우리에게 재건의 과정에 하나님의 보호하심이 필요하다는 것을 알게 해줍니다. 마귀는 항상 우리의 마음을 넘어뜨리고 낙망시키기 위해 지금도 애를 쓰고 있습니다.

"근신하라 깨어라 너희 대적 마귀가 우는 사자 같이 두루 다니며 삼킬 자를 찾나니"(벧전5:8)

관계를 정립하거나, 신앙을 다시 세우고자 하거나, 교회를 재건하거나, 삶을 다시 일으켜 세우고자 할 때 마귀는 우리의 마음 속에 끊임없이 부정적인 생각을 흘려 넣습니다. 하나님께 나아가고 복음을 만방에 전하는 삶을 방해하기 위해 사력을 다합니다.

"일어나 다시 한 번 해보자!"라고 우리가 마음을 먹을 때마다 마귀는 "그래봤자 소용없다. 전에 그랬듯이 너는 또 넘어질 것이고, 실패할 것이다."라고 속삭입니다.

이런 생각이 들 때마다 느헤미야가 받았던 왕의 보호를 떠올리십시오. 우리의 삶에는 당시 느헤미야가 받았던 왕의 보호보다 더 강력하고 위엄 있는 하나님의 보호가 있기 때문입니다.

"자녀들아 너희는 하나님께 속하였고 또 그들을 이기었나니 이는 너희 안에 계신 이가 세상에 있는 자보다 크심이라"(요일4:4)

"너를 치려고 제조된 모든 연장이 쓸모가 없을 것이라 일어나 너를 대적하여 송사하는 모든 혀는 네게 정죄를 당하리니 이는 여호와의 종들의 기업이요 이는 그들이 내게서 얻은 공의니라 여호와의 말씀이니라"(사54:17)

하나님을 향한 분명한 믿음이 있는 사람과 기초공사를 통해 그

분의 주권을 인정하는 사람에게는 이와 같은 하나님의 보호하심이 있습니다. 이 말씀을 의지해 마귀를 대적할 수 있고 두려움과 걱정을 이기고 주님이 이끄시는 방향을 향해 과감히 결단을 할 수 있게 됩니다.

세 번째, 느헤미야가 요청한 것은 필요한 자재였습니다.

"또 왕의 삼림 감독 아삽에게 조서를 내리사 그가 성전에 속한 영문의 문과 성곽과 내가 들어갈 집을 위하여 들보로 쓸 재목을 내게 주게 하옵소서 하매 내 하나님의 선한 손이 나를 도우시므로 왕이 허락하고"(느2:8)

느헤미야가 아무리 높은 위치에서 많은 돈을 모았다 하더라도 성벽을 재건하기 위해서는 턱 없이 부족했을 것입니다. 그래서 나라의 국고를 열어 재목을 보내달라고 왕에게 도움을 요청했습니다. 그로 인해 필요한 물자는 얼마든지 공급받을 수 있게 되었습니다.

인생을 재건하는 일에 가장 큰 방해가 되는 것은 바로 부족한 공급에 대한 두려움입니다. "이 일을 시작했다가 돈을 못 벌면 어떡하지?", "아무리 하나님의 뜻이 있다 해도 굶어죽지는 않을까?", "그 일을 하기 위한 돈이 없는데 할 수 있을까?"

이런 생각이 들 때마다 우리가 잊지 말아야 할 것은 하나님의 응답이라면 하나님께서 얼마든지 채워주신다는 사실입니다.

"나의 하나님이 그리스도 예수 안에서 영광 가운데 그 풍성한 대로 너희 모든 쓸 것을 채우시리라"(빌4:19)

우리가 걱정해야 할 것은 부족한 물자가 아니라, 이 뜻이 하나님의 뜻이 맞는지에 대한 분명한 확신의 여부입니다.

하나님은 만유의 주재이십니다.

하나님은 백지수표를 가지고 계시는 부자 아버지와도 같습니다. 우리가 하나님의 일에 필요한 액수를 말하면 하나님은 백지수표에 필요한 금액을 당장 적어 우리에게 주십니다.

우리의 생각대로 하나님께 요구하지 말고, 하나님이 주신 크기대로 하나님께 요구하십시오.

느헤미야가 자신의 재산으로 성벽을 재건할 수 없던 것처럼 우리의 인생을 재건하는 일도 우리가 가진 것으로는 턱 없이 부족합니다. 그래서 하나님이 바라는 재건의 크기가 어느 정도여야 하는지 기도로 뜻을 묻고 응답을 받은 만큼 하나님께 공급을 요청해야 합니다. 필요를 아뢰면 하나님께서 얼마든지 주신다는 신뢰가 있을 때 이런 공급을 요청할 수 있고, 당장 내가 가진 것이 턱 없이 부족하더라도 하나님이 주신 응답을 따라 담대히 결단할 수 있습니다.

재건을 위한 결단에는 여러 종류가 있습니다.

어떤 사람은 아브라함처럼 고향을 떠나는 결단을 내려야 하며,

어떤 사람은 느헤미야와 에스더처럼 목숨을 걸기도 하며,

어떤 사람은 다윗과 같이 골리앗 앞에 나아갈 용기를 내야 하는 결단도 있습니다.

그러나 어떤 종류의 결단이든지 말씀과 기도를 바탕으로 제대로 설계가 되었다면 반드시 그 앞길이 형통하리라는 사실을 믿어야 합니다. 이 믿음이 하나님을 하나님으로 인정하는 믿음이며 내 삶을 새롭게 하실 하나님을 믿는다는 증거입니다.

네 번째 기둥—분석

하나님의 응답을 받고, 왕의 허락과 지원을 받은 느헤미야는 마침내 예루살렘에 도착했습니다. 그리고 도착하자마자 가장 먼저 한 일은 역시 하나님과의 교제였습니다. 서둘러 성벽을 보수해야 할 시급한 상황이었지만 느헤미야는 서둘지 않고 먼저 다시 한 번 하나님과 함께 하는 시간을 가졌으며 이 시간을 통해서 하나님이 어떤 일을 행하고자 하시는지에 대한 응답을 다시 한 번 받았습니다.

"내 하나님께서 예루살렘을 위해 무엇을 할 것인지 내 마음에 주신 것을 내가 아무에게도 말하지 아니하고 밤에 일어나 몇몇 사람과 함께 나갈새 내가 탄 짐승 외에는 다른 짐승이 없더라"(느

2:12)

성벽을 재건하기 위해서 예루살렘에 도착한 느헤미야의 자세는
매우 신중했습니다.

느헤미야는 하나님이 자기 마음에 주신 계획들을 사람들에게
섣불리 말하지 않았고, 또 먼저 성벽의 상태를 밤에 몰래 나가 점
검했습니다. 이 일을 얼마나 신중하고 조심스럽게 했는지 어떤 방
백도 이 사실을 알지 못했습니다. 느헤미야는 성벽을 재건하기 위
해서 어떤 일이 필요한지 사전 조사를 한 것이었습니다.

"급할수록 돌아가라."는 말처럼 중요한 일일수록 그 일을 어떻
게 해야 하는지 먼저 철저히 준비를 해야 합니다. 중요한 것은 일
의 처리 과정과, 적재적소에 사람과 물자를 배치하는 것이지 하루
이틀 급하게 서두르며 사람들을 다그치는 것이 중요한 것이 아니
라는 것을 느헤미야는 알았습니다.

느헤미야는 성벽의 재건을 위해 뜨거운 열정을 가진 사람이었
고 언제나 하나님을 우선으로 놓는 기도의 사람이었습니다. 여기
에 놀라운 결단으로 왕의 호위와 물자, 조서까지 받은 느헤미야였
지만 예루살렘에 도착해서는 작업에 앞서 굉장히 신중하게 상황
을 분석하고 조사했습니다.

전 세계에서 가장 널리 퍼져있는 기업은 미국의 패스트푸드 체
인점인 맥도날드입니다. 맥도날드 매장은 지금도 다섯 시간 마다

하나씩 생겨나고 있습니다. 보통 이렇게 문어발식으로 확장을 하면 회사에 문제가 생기기 마련이지만 맥도날드는 이러한 성장을 15년이 넘게 하고 있습니다. 그러면서도 고객 응대 문제나, 위생과 관련된 문제로 전 세계 어디에서도 큰 징계나 어려움을 당한 적이 거의 없습니다. 그것은 바로 맥도날드에서 만든 창업 매뉴얼 때문입니다. 양파의 크기와 고기의 중량, 화장실 청소 방법을 비롯해 맥도날드의 매뉴얼에는 약 5만 가지 수칙이 나와 있습니다. 이 수칙만 지키면 누구나 미국 본점과 같은 수준과 맛으로 맥도날드를 운영할 수 있습니다. 이 수칙은 맥도날드의 동업자인 레이몬드 크로크가 맥도날드 형제의 가게 운영방식을 잘 분석해 만든 것입니다. 이 메뉴얼 덕분에 맥도날드는 엄청난 확장을 하면서도 그로 인해 생기는 부작용을 거의 겪지 않고 탄탄한 성장을 하고 있습니다.

모든 일에 앞서서 분석을 잘 하는 것은 매우 중요합니다. 분석을 통해서 해야할 일과 하지 말아야 할 일, 그리고 필요한 것이 무엇인지를 알 수 있게 됩니다. 느헤미야가 분석을 한 것은 자신이 무엇을 해야 하는 지를 다시 한 번 확인하는 일이었으며 자신이 부딪히게 될 걸림돌들이 어떤 것인지를 분석하는 일이었습니다. 사려 깊고 진지한 분석은 상황을 냉철하게 바라보는 시각을 갖게 하고 발생할 문제에 대한 해결책을 찾게 만들어 줍니다.

우리는 예루살렘을 분석한 느헤미야의 모습을 통해서 분석의 바람직한 세 가지 단계를 배울 수 있습니다.

첫째는, 살펴보는 단계입니다.

성경은 느헤미야가 성벽을 '살펴본 후에'라고 말씀하고 있는데 이 '살펴봤다'라는 말은 예루살렘 성의 모든 문과 벽들을 철저하게 점검했다는 말입니다. 의사가 환자를 진찰할 때도 '살펴본다'라는 말을 씁니다. 생명을 다루는 일이니 어떤 문제도 놓치지 않으려고 꼼꼼하게 살피는 의사처럼 분석의 가장 첫 번째 단계는 살펴보는 것입니다.

리모델링의 대상이 나 자신이라면 먼저 스스로를 꼼꼼히 살펴봐야 하고 다른 사람이라면 그 사람에 대해서 되도록 꼼꼼하게 알아야 합니다. 리모델링은 더 나은 삶을 위한 노력일 수도 있지만 때로는 생명을 살리는 일이기 때문입니다.

둘째는, 문제를 찾는 단계입니다.

꼼꼼히 살펴보면 무엇이 문제이고 아닌지를 객관적으로 알 수 있습니다. 느헤미야는 성벽을 살핌으로 어느 정도의 공사기간이 필요한지, 성벽이 훼손된 지는 얼마나 되었는지를 꼼꼼히 살폈을 것입니다. 그리고 느헤미야는 단지 성벽을 살피는 것을 통해서 현재 유대인들의 상태와 의지력이 얼마나 떨어져 있는지도 알게 되었을 것입니다.

"후에 그들에게 이르기를 우리가 당한 곤경은 너희도 보고 있는 바라 예루살렘이 황폐하고 성문이 불탔으니 자, 예루살렘 성을 건축하여 다시 수치를 당하지 말자 하고"(느2:17)

느헤미야는 성벽이 불탔고 무너져 있다는 사실을 들으면서 슬프고 괴로워했고, 재건을 위한 열정을 품었습니다. 그러나 이 현장에서 살고 있던 사람들은 이 비참한 상황을 그냥 받아들이고 있었습니다.

유대인들은 10년이 넘는 세월 동안 불타버린 성벽과 성문들을 지켜보고 있었을 뿐, 아무도 그것을 재건하려 하지 않았습니다.

"그것은 우리가 하기에는 너무 힘든 일이다."라는 말을 어떤 사람이 했을 것이고 "나름대로 해보려고 했지만 방법이 없었다."는 말을 한 사람도 있었을 것입니다. "이제 와서 뭘 어쩌겠어요?"라고 지레 포기하는 사람도 분명 있었을 것 입니다.

이런 평계들이 불탄 성문과 성벽을 그대로 두고 비참한 삶을 계속 살아가게 만든 것이었습니다.

리모델링을 진정으로 바란다면 이런 질문들을 먼저 마음 속에서 몰아내야 합니다. 그러나 무조건적으로 "할 수 있다!"는 대책 없는 긍정론도 역시 조심해야 합니다. 이런 마인드는 해결 방법을 강구해야 하는 중요한 문제도 역시 별 것 아닌 것으로 여기게 만들 수 있기 때문입니다.

미국의 유명한 심리학자 프레드릭슨 교수와 브라질의 사회학자 로사다 교수는 긍정적인 감정과 부정적인 감정의 비율과 인생의 행복도의 연관성을 조사했습니다. 그리고 그 결과 긍정과 부정의 비율이 3:1이 되었을 때 가장 크게 행복감을 느끼고 인생의 진취성이 생긴다는 것을 알아냈습니다.

부정적인 감정의 비율이 커지면 '해봤자 안 될 거야.'라는 생각에 빠져서 의지력을 아예 상실하게 됩니다. 반대로 긍정적인 감정의 비율이 너무 커지면 대책 없는 자기기만에 빠져서 아무런 노력도 하지 않는 한심한 인생을 살아가게 됩니다.

우리가 문제를 찾는 단계에서도 할 수 있다는 긍정의 생각이 3이 있다면, 그 일을 힘들게 하는 이유 한 가지 정도는 반드시 찾아내야 합니다.

느헤미야는 충분히 성벽을 다시 재건하고 사람들을 하나님께로 마음을 돌릴 수 있다고 생각을 했습니다. 그러나 그렇다고 해서 현실적인 어려움과 문제들을 외면하지는 않았습니다.

셋째는, 해결책을 찾는 단계입니다.

느헤미야는 유대인들이 10년이 넘게 예루살렘 성벽을 방치하고 있다는 사실을 알았습니다. 그런데 만약 이런 상황에서 "이 꼴이 될 때까지 무엇을 하고 있었느냐?", "이제 내가 왔으니 내 명을 따라라!"라는 식으로 말을 했다면 절대로 성벽을 재건할 수 없었을 것입니다. 느헤미야는 불탄 성벽보다 더 큰 문제는 하나님으로부터 멀어진 백성들과 의지력을 상실한 마음이라는 것을 알았습니다.

"후에 그들에게 이르기를 우리가 당한 곤경은 너희도 보고 있는 바라 예루살렘이 황폐하고 성문이 불탔으니 자, 예루살렘 성을 건축하여 다시 수치를 당하지 말자 하고 또 그들에게 하나님의 선한 손이 나를 도우신일과 왕이 내게 이른 말씀을 전하였더니 그들의 말이 일어나 건축하자 하고 모두 힘을 내어 이 선한 일을 하려 하매"(느2:17-18)

느헤미야는 백성들과 자신을 동일시해 먼저 '우리'라는 단어로 동질감을 형성했습니다. 그리고 비참한 유대인들의 상황을 동정하며 이제 힘을 내서 수치를 당하지 말자는 말로 용기를 북돋아 주었습니다. 그리고 마지막으로 자기가 어떻게 여기까지 오게 되었는지를 말하며 그 과정 속에서 임한 하나님의 선한 손의 도우심과 더불어 왕이 내린 지시를 백성들에게 이야기해 주었습니다.

느헤미야는 문제를 정확히 파악하고 그에 맞는 해결책을 제시했습니다. 그러자 백성들은 그 말을 듣고 힘을 내서 하나같이 '이 선한 일'을 하고자 하는 의욕에 불탔습니다. 하나님의 선한 손이 느헤미야를 도운 이야기를 듣고 사람들은 현실의 벽을 넘어서고

자 하는 열정을 품은 것입니다. 그러나 일을 시작하자마자 훼방꾼이 나타나기 시작했습니다. 암몬 사람 도비야와 아라비아 사람 게셈이 찾아와서 느헤미야와 일을 하고 있는 백성들에게 시비를 걸었습니다.

"호론 사람 산발랏과 종이었던 암몬 사람 도비야와 아라비아 사람 게셈이 이 말을 듣고 우리를 업신여기고 우리를 비웃어 이르되 너희가 하는 일이 무엇이냐 너희가 왕을 배반하고자 하느냐 하기로"(느2:19)

느헤미야의 말 한 마디로 인해 어쩌면 이스라엘 백성들의 사기가 다시 꺾일지도 모르는 순간이었습니다. 게다가 절대 권력자인 왕에 대한 반역을 들먹인 것은 목숨의 위협을 느끼게 만들 수도 있었습니다.

그러자 느헤미야는 이렇게 대답했습니다.

"내가 그들에게 대답하여 이르되 하늘의 하나님이 우리를 형통하게 하시리니 종들인 우리가 일어나 건축하려니와 오직 너희에게는 예루살렘에서 아무 기업도 없고 권리도 없고 기억되는 바도 없다 하였느니라"(느2:20)

왕의 명령에 거역하는 일이 되지 않을까하는 백성들의 두려움을 일시에 제거하고, 백성들이 처음에 듣고 힘을 내게 했던 '하나님의 선한 손'에 대한 기억을 다시 떠올리게 함으로 다시 백성들의 몸과 마음을 하나로 묶었습니다.

우리의 4가지 기둥은 튼튼합니까?

하나님과 관계를 회복함으로 첫 단추를 제대로 끼운 리모델링은 중간에 어떤 문제가 나타난다 하더라도 하나님이 주시는 해결책이 분명히 존재하게 됩니다.

느헤미야 2장에서는 '하나님의 선한 손'이라는 단어가 2번이나 언급되어 있습니다.

느헤미야에게 하나님의 선한 손이란 생각지도 못한 도움이었으며, 예루살렘을 다시 하나님의 성지로 회복시킬 약속이었습니다.

우리가 하나님께 순종할 때 하나님의 능력을 받게 됩니다. 하나님의 선한 손의 도우심을 체험하게 되는 것 입니다. 그러므로 눈앞의 너무나 큰 현실의 벽과 불타고 황폐해진 비참한 상황에 무릎 꿇지 않고 새로운 리모델링을 꿈꾸게 됩니다.

우리가 힘을 내어 새롭게 일을 하려고 하면 어김없이 사탄의 방해가 찾아옵니다.

우리가 힘을 내면 사탄도 더 힘을 냅니다. 그리고 경멸과 조롱의 방법을 사용해 우리를 낙담시켜 넘어뜨리려고 합니다. 그럴 때면 2장 20절에 나오는 느헤미야의 대답을 다시 기억하십시오.

"내가 그들에게 대답하여 이르되 하늘의 하나님이 우리를 형통하게 하시리니 종들인 우리가 일어나 건축하려니와 오직 너희에게는 예루살렘에서 아무 기업도 없고 권리도 없고 기억되는 바도 없다 하였느니라"

그리고 느헤미야에게 임했던 하나님의 선한 손의 도우심이 지금 나의 삶에도 임하고 있다는 사실을 기억하십시오.

갈등을 불러일으키려는 사탄의 방해를 이겨내고 새로운 리모델링을 위한 설계도를 주신 하나님께서 다시 우리에게 필요한 것을 주시고, 꿈을 불러 일으켜 주심을 믿고 삶의 리모델링을 계속 하십시오.

3

장애물을 돌파하라!

동물들의 나라에서 전쟁이 일어났습니다.

당나귀와 개미와 토끼와 코끼리가 사령관인 사자의 명을 받고 모였는데, 이들은 힘을 합쳐 싸워도 모자랄 판에 오히려 서로의 약점을 놓고 헐뜯고 있었습니다.

"당나귀는 멍청해서 도움이 안 될 텐데..."

"토끼는 겁쟁인데 무슨 전쟁을 하겠다는 거야?"

"개미? 잘 보이지도 않는 녀석이 어쩌겠다는 거지?"

"코끼리는 덩치가 커서 적에게 위치를 알려주는 꼴이 될 텐데?"

이렇게 티격태격 싸우고 있는 도중에 사령관인 사자가 나타나서 명령했습니다.

"모두 지금부터 나의 지시를 따르기 바란다. 먼저 당나귀는 체력이 좋으니 식량 보급을 맡는다. 그리고 토끼는 발이 빠르니 전령으로 쓸 것이며, 개미는 작아서 눈에 띄지 않으니 첩보와 게릴라 임무를 수행한다. 코끼리는 덩치가 크고 힘이 세니 전면전에 돌격부대로 투입한다. 이상."

이 이야기가 주는 교훈은 아주 간단합니다.

어떤 사람이든 강점과 약점을 가지고 있고 그 능력에 맞는 적재

적소의 일이 있다는 내용입니다.

느헤미야는 아마 이야기에 나오는 사자와 같은 지혜를 가지고 있었던 것 같습니다.

이스라엘의 리모델링을 위해서 하나님과의 관계인 기초공사를 제대로 하고, 기도로 응답받은 설계도를 새로 그리고, 건축에 필요한 재료와 마음가짐까지 준비한 뒤에, 실제로 백성들과 건축을 시작한 느헤미야는 때에 맞게 일을 배분하고 사람들의 전문성에 따라 일을 맡겼습니다.

느헤미야 3장을 보면 공사가 진행되는 과정에 걸쳐 '그 다음은' 이라는 말이 반복해서 나오는 데 이 말의 뜻은 일이 순서대로 차례차례 진행되고 있으며 또 분야별로 합당한 사람들에게 일이 주어지고 있다는 것을 말해줍니다.

이 과정을 통해서 초기에 도저히 할 수 없었던 것 같았던 예루살렘의 재건은 어느덧 절반 가까이 완성됐습니다. 기적과도 같은 왕의 허락을 받았고, 하나님의 인도하심으로 필요한 자재와 왕의 재가까지 받은 데다가 초반에 있었던 외부 권력자들의 방해에도 불구하고 일사천리로 일이 진행되었습니다.

그러나 3장까지 일이 이렇게 순조롭게 마무리가 되었다면 느헤미야서는 14장까지 쓰이지 않았을 것입니다. 처음 시작되던 일을 생각하면 그야말로 하나님의 은혜가 아니고서는 도저히 일어날 수 없는 기적을 체험했음에도 이스라엘 백성들에게 또 다시 안팎의 어려움이 찾아오기 시작했습니다.

　이스라엘 백성들은 공사 중에 지친 몸과 마음을 토로하며 불평을 하기 시작했고, 완공을 하지 못할 것이라는 두려움을 갖기 시작했습니다. 또 산발랏과 도비야를 비롯한 외부의 적들이 무기를 들고 쳐들어온다는 소문도 들려왔습니다. 이스라엘 백성들은 여기에 더해서 지파 간에 다툼이 일어나 내분까지 일어났습니다.

　결국, 그들에게 가장 큰 장애물인 실망감이 번지기 시작했습니다.

　실망감은 우리의 의욕을 앗아가며, 일을 이룰 수 없게 만드는 굉장한 강력한 폭탄입니다.

　지옥에서 사탄의 신입 졸개들을 위한 경매가 열렸습니다.

　경매에는 사탄 졸개들이 성도들을 구원받지 못하도록 방해할 다양한 물건들이 나와 있었습니다.

　먼저는 '교만'이 나왔는데 격렬한 경쟁이 붙어 매우 높은 가격에 판매되었습니다.

　다음으로 나온 '게으름'은 교만보다 몇 배나 높은 가격에 팔렸습니다.

　이후로 '냉소', '미지근한 마음', '험담'과 같은 물건들이 하나하나 팔려나갔고 어느덧 물건은 딱 하나밖에 남지 않았습니다. 그러나 경매를 관장하는 대장 사탄은 경매를 여기서 마치겠다고 선언했습니다.

한 사탄 졸개가 아직 물건이 하나 남았다고 말하자 대장 사탄이 말했습니다.

"이건 절대로 팔 수 없는 물건이다. 이 '실망'이라는 물건은 내가 그리스도인들을 지옥으로 떨어뜨리는데 가장 애용하는 무기거든."

C. S. 루이스의 '스크루테이프의 편지'에도 사탄이 성도들을 가장 미혹하는 데에 자주 사용하는 것은 실망감이라는 내용이 나옵니다. 책에는 사탄이 교회에 나온 지 얼마 안 된 성도들이 다른 성도들의 불완전한 삶을 보고 실망하고, 반복되는 죄를 지어 죄책감에 빠져 자신에게 실망했을 때를 신앙을 무너뜨릴 수 있는 적기라고 주장하는 내용이 나오는 데 꽤나 수긍이 가는 이야기입니다.

느헤미야 4장에 나오는 이스라엘은 아주 심각한 위기에 봉착했습니다.

이런 사태가 벌어진 것은 애초에 이스라엘이 무너진 성읍을 오래도록 방치했고, 그로 인해 교훈을 배워 회개하여 하나님께 다시 마음을 돌리지 않은 것에 있었습니다. 그 잘못이 너무 컸기에 공사가 기적적으로 절반 가까이 이루어졌음에도 불구하고 힘을 내어 희망을 갖기 보다는 지치고 낙담했던 것입니다. 그러나 이미 일어난 일은 돌이킬 수가 없었기에 더 늦기 전에 한 시라도 리모델링을 해야 했습니다.

다행히 느헤미야가 기적과도 같이 찾아왔고 모든 혼란을 수습한 후에 공사를 시작할 수 있었습니다. 그리고 그 공사는 꽤나 빠르게 진척되었습니다.

그런데 여기서 실망감이라는 한 가지 문제가 더 찾아왔습니다.

'하나님의 선한 손'이 느헤미야를 도우신 이야기를 듣고 이스라엘 백성들은 "다시는 수치를 당하지 말자"는 느헤미야의 말을 듣고 의욕적으로 공사를 시작했습니다. 그러나 사탄의 방해 역시 강해져 공사를 하는 이스라엘 백성들의 마음을 시시탐탐 노렸습니다. 결국 유다지파의 마음이 무너졌고, 그로 인해서 공사는 큰 위기를 맞게 되었습니다. 한 번 실망감으로 인해 사람들의 마음이 무너지자 안팎으로 계속해서 좋지 않은 일들이 연쇄적으로 일어났습니다.

이것은 비단 이스라엘 백성들만의 이야기가 아닙니다. 우리도 매달 혹은 한 해를 시작할 때마다, 혹은 매주 설교를 들은 뒤에 새로운 변화를 결심합니다.

그래서 "이번에는 반드시 말씀을 실천해야지!"라는 굳건한 의지로 리모델링을 결심하지만 대부분 작심삼일도 채우지 못하고 이전의 생활로 돌아가게 됩니다.

이유가 무엇입니까?

바로 한 번의 실패와 위기로 인해 마음에 찾아온 실망감 때문입니다.

'실망'과 '낙담'은 사탄이 그리스도인들을 실족시키기 위해서 가장 많이 사용하는 강력한 도구입니다.

독실한 믿음을 가지고 있었던 철학자 키에르케고르는 "낙담은 죽음에 이르는 병"이라고까지 표현했습니다.

혹시 지금 심한 실망감에 빠져서 다시 도전을 하지 못할 것 같거나 리모델링을 포기하고 싶음 마음이 듭니까? 이스라엘 백성들도 그랬습니다. 특히 유다 사람들은 "우리가 아무리 노력한다고 해도 성을 마저 건축하지 못할 지도 모릅니다"라고 말했습니다.

이런 실망은 하나님이 바라시는 것이 아니며 사탄에게 힘을 주는 일입니다.

물론 때로는 절대 이겨내지 못할 것 같은 극심한 실망감이 찾아올 때도 있습니다. 몇 년, 몇 번에 걸쳐 지속적으로 실패를 경험할 때도 있습니다.

그러나 그래도 해야 합니다. 왜냐하면 그것이 바로 사는 길이기 때문입니다.

조금이라도 더 빨리 잘못된 길을 벗어나 바른 길로 돌아가는 것이 유일한 방법이기 때문입니다. 가장 먼저 포기를 했던 유다 지파는 다윗의 계보를 잇는 이스라엘 12지파의 가장 대표적이고 모범적인 지파였습니다. 이런 지파의 사람들이 이처럼 낙담했다는 것은 다른 지파들의 힘을 빼는 것이고, 느헤미야의 힘도 빼는 일이었습니다. 그러나 느헤미야는 여러 지혜로운 방법으로 이런 난관을 다시 한 번 극복했습니다.

이스라엘의 명문인 유다 지파가 그랬다면 우리도 충분히 낙담하고 실망할 수 있습니다.

그러나 느헤미야를 돕는 하나님의 선한 손은 지금도 우리를 위해 대기하고 있고, 또 역사하고 있습니다.

리모델링을 하기로 결심을 하셨다면 어떤 일이 찾아와도 멈추지 말고 계속하십시오.

조금 힘들고 어려워도 그 길이 옳은 길이며 나를 비롯한 후손들까지 살리는 길입니다.

당장 예배에 나가 말씀을 듣고, 기도 중에 하나님의 응답을 받고, 새로운 리모델링을 결심한다 하더라도 막상 일의 시작 단계부터 많은 방해와 어려움이 찾아올 것입니다. 그러나 그럴 때일수록 하나님을 찬양하십시오. 리모델링을 위한 마음을 주시고 도전을 시작하게 하신 하나님께서 마땅히 그 일을 이루시고 승리하게 하실 것이라는 마음을 가지십시오. 느헤미야가 사탄이 주는 실망을 멋지게 방어하고 다시 백성들을 화합시켰듯이 '하나님과의 관계와 섬기는 교회, 개인, 가정, 직장'에서 새로 시작한 리모델링을 하나님께서 완성시켜 주실 것입니다.

이번 장을 통해서는 실망이라는 사탄의 공격을 방어할 수 있는 마음의 성벽을 쌓는 희망의 리모델링에 대해서 알아보겠습니다.

실망의 4가지 원인

'실망'이라는 상태는 '실망' 그 자체로 나타나기보다는 보통 다른 불안한 요인들이 복합적으로 작용해 찾아오게 됩니다.

느헤미야 4장에는 이스라엘 백성들이 실망감에 사로잡혀 깊이 낙담했던 이유와 느헤미야가 이를 지혜롭게 극복한 방법들이 나와 있습니다. 그리고 이 방법들은 오늘 날을 살아가는 우리들에게도 실망이나 낙담의 원인을 파악하고 극복하는 지혜를 발견하는 일에 그대로 적용될 수 있습니다.

먼저는 느헤미야 4장 10절과 11절을 통해 무슨 일을 이루고자 할 때 찾아오는 장애요소가 되는 실망의 4가지 원인에 대해서 알아보겠습니다.

"유다 사람들은 이르기를 흙무더기가 아직도 많거늘 짐을 나르는 자의 힘이 다 빠졌으니 우리가 성을 건축하지 못하리라 하고." (느4:10)

1. 좌절감 때문이었습니다.

10절에 보면 "... 흙무더기가 아직도 많거늘..."이라는 말이 나오는데 여기에서 첫 번째 원인을 찾을 수 있습니다.

성경학자들은 이 흙무더기가 바벨론 군대가 쳐들어 왔을 때 공격을 받아 생긴 성의 잔해라고 보고 있습니다. 그들은 부서진 옛 성의 잔해 더미를 보고 "저걸 우리가 어떻게 할 수 있단 말인가?" 라고 생각하며 회피할 방법만을 찾다보니 좌절감이 생기고 부담 감만 쌓여 갔습니다.

이 부담감은 그들의 마음을 짓눌렀고, 이로인해 자신감을 상실 하게 했으며, 결국은 낙심하게 만들었습니다. 좌절감과 부담감은 좋게 시작하고, 잘 진행되던 일도 자기 연민에 빠지게 만들고, 이 웃에게 책임을 전가시키며, 남을 비난하고 불평하도록 만듭니다.

찰스 슈왑이라는 경영자는 강철왕 앤드류 카네기의 오른팔로 최초로 100만 달러의 연봉을 받은 인물입니다. 그는 나중에 자신 의 철강회사를 세워 경영자가 되었는데 일을 더 효율적으로 하기 위해서 아이비라는 유명한 컨설턴트를 찾아가 컨설팅을 받았습니 다. 컨설팅은 10분 만에 끝났으나 슈왑은 3천만 원이라는 거금을 상담료로 지불했습니다. 아이비는 슈왑에게 '10분 만에 일의 효 율을 50% 늘릴 수 있는 방법'으로 다음의 지침을 가르쳐 주었습 니다.

1. 내일 해야 할 일 중에 가장 중요한 일 6개만 적기.
2. 회사에서 해야 할 일 중에 가장 중요한 일 6개만 적기.
3. 적어놓은 일 중에 중요도 순으로 순위를 정하기.
4. 다음 날 아침부터 중요도 순으로 일을 처리하기
5. 적혀있는 일을 처리하기 전에는 다른 일에 손대지 않기.

세계적인 경영자에겐 할 일이 매우 많지만 그 역시 한 번에 하나씩밖에 일을 처리하지 못합니다. 할 수 있는 일에 최선을 다하면 남아있는 일들에 대해서 걱정을 할 필요는 없습니다. 그러나 이스라엘 백성들은 성벽을 대부분 완성시켜 놓고도 곳곳에 놓인 흙무더기를 보며 좌절감에 빠졌습니다. 공사를 처음 시작할 때 좌절감을 느낀 것이 아니라 절반이나 완성시킨 뒤에 좌절감을 느꼈다는 사실에 주목하십시오.

우리가 좌절감을 느끼는 이유는 도저히 처리하지 못할 엄청난 일들에 둘러싸여 있다고 느끼기 때문입니다. 중요한 일부터 정리해서 처리하지 못하면 좌절감은 쉽게 찾아옵니다. 이스라엘 백성은 이미 몇 년 동안 성의 한구석을 차지하고 있던 흙무더기를 치우는 일을 중요하게 여기지 않았으나, 그것을 치우는 일은 성벽을 다시 세우고 도성을 리모델링하는 데 있어 매우 중요한 일이었습니다. 그들은 해야 할 일을 진작 하지 않았고, 또한 더욱 중요한 눈앞에 있는 일을 하기보다는 산더미 처럼 쌓여 있는 일에 시선을 빼앗겼습니다. 그래서 엄청난 대공사를 절반이나 완성시켜 놓고도 실의에 빠졌습니다.

2. 피로감 때문이었습니다.

유다 사람들이 실망에 빠진 이유 중의 하나는 육체적인 피로라는 원초적인 이유였습니다. "짐을 나르는 자의 힘이 다 빠졌다."

이 말은 성벽 재건에 동참한 사람들의 육체적인 피로도가 극심했다는 것을 나타냅니다.

몸이 지치고, 정신이 지쳐 일에 비해서 훨씬 힘들다고 느끼는 상태입니다.

사람은 영적인 존재이며 이성과 감정을 가진 정신적인 존재이기도 하지만 또한 무엇보다 육적인 존재이기도 합니다. 몸을 잘 관리하고 지나친 피로를 풀어주는 것은 정신적인 영역과 영적인 영역을 보살피는 데도 도움이 됩니다.

그런데 가끔 육체적인 피로가 원인인 줄 모르고 이로 인해 생기는 문제들을 정신적, 영적인 문제로 오인하는 경우가 있습니다. 그 결과 사람들에게 함부로 대하게 되고, 하나님을 원망하거나, 지나친 자괴감에 빠지게 됩니다.

대부분은 충분한 휴식을 취하기만 하면 저절로 해결되는 일인데도 말입니다.

본문을 통해 봤을 때 유다 사람들이 느꼈던 육체적인 피로는 아마도 과중한 업무보다도 전반적으로 약한 체력의 문제가 더욱 컸을 것입니다. 도시를 재건할 생각도 안 했고, 힘을 키울 생각도 하지 않았으니 아마도 건강관리도 제대로 하지 않았던 것 같습니다.

느헤미야가 이스라엘 백성들을 찾아와 권유하고 일을 시킨 방식들을 보면 과중하게 한 지파에게만 중노동을 시켰을 리는 없기 때문입니다. 따라서 건강을 제대로 관리하는 것도 실망을 이겨내는 중요한 요소 중 하나입니다. 체력이 받쳐주는 건강한 사람은 육체의 한계가 다가오는 순간에도 다시 한 번 해보려고 하는 의지를 품을 수 있습니다. 체력이 실제로 승부에 얼마나 중요한 영향을 미치는 지 잘 알려주는 예가 하나 있습니다.

벌써 10년도 훌쩍 지났지만 지난 2002년도에 히딩크 감독이 한국 국가대표를 맡으면서 가장 신경 썼던 훈련이 바로 체력이었습니다. 이는 완전한 패러다임의 변화였습니다.

우리는 그동안 선수들이 체력은 충분하지만 기술이 부족한 줄 알았는데, 히딩크 감독은 오히려 기술은 충분한 데 체력이 부족하다고 생각했습니다. 그래서 '삑삑이'이라고 불리는 20M 왕복 달리기를 정말 수도 없이 시켰다고 합니다.

별명이 두 개의 심장인 박지성 선수조차도 못 이겨낼 정도로 과도하게 훈련을 시킨 결과 선수들은 월드컵에서 잇단 강호와의 대결에도 지칠 줄 모르는 근성으로 맞상대를 했고, 때로는 역전극을 펼치며 4강의 쾌거를 이루어 냈습니다. 체력이 받쳐줬기 때문에 지고 있던 상황에서도 이기기 위한 작전을 펼칠 수 있었고 몇 번의 연장전을 통해서도 버텨낼 수 있었습니다.

미국 미식축구 역사상 가장 위대한 감독이라고 불리는 빈스 롬바르디는 "피곤은 모든 사람을 겁쟁이로 만든다"라고 말했습니다.

그래서 먼저는 건강과 체력을 위해 관리를 하는 것이 중요하고 그 다음은 쉬는 것이 중요합니다.

물론 한 가지 중요한 것은 리모델링의 기초공사 단계에서 배웠 듯이 리모델링을 위한 힘과 지혜는 내가 아닌 하나님을 통해 받는 다는 것을 잊어서는 안 된다는 것입니다. 그러나 받은 힘과 지혜 를 활용하기 위해서는 역시 적절한 휴식이 필요합니다.

이 사실을 우리는 엘리야의 경우를 통해서도 알 수 있습니다.

"자기 자신은 광야로 들어가 하룻길쯤 가서 한 로뎀 나무 아래 에 앉아서 자기가 죽기를 원하여 이르되 여호와여 넉넉하오니 지 금 내 생명을 거두시옵소서 나는 내 조상들보다 낫지 못하나이다 하고"(왕상 19:4)

그 위대한 선지자 엘리야가 바알 선지자들과의 대결에서 엄청 난 승리를 거두고도 몸과 마음이 지치자 "생명을 거두어 주옵소 서"라고 하나님께 말하고 있습니다.

모세 역시 이스라엘 백성들의 불순종에 심령이 지쳐 엘리야와 같이 "생명을 거두어 주옵소서"라고 하나님께 말했습니다. 그러 므로 극심한 피로감이 우리 삶을 덮쳐올 때는 먼저 충분한 휴식 이 필요한 상태가 아닌지 진단해봐야 합니다.

로뎀나무 아래서 죽기를 바라던 엘리야에게 하나님이 하신 일 은 "성경을 열심히 읽어라. 기도를 열심히 해라. 전도를 열심히 해 라" 등이 아니었습니다.

천사를 통해 숯불에 구운 떡과 물을 제공하며 먹고 마시게 하고, 푹 잘 수 있게 하고, 자고 있는 엘리야를 위해 천사에게 마사지를 해 주게 하셨습니다. 그것도 반복해서...

우리는 육체적인 피로뿐 아니라 영적인 피로의 문제도 진단해 봐야 합니다.

앞에서 우리는 이스라엘 백성들이 10년간이나 무너진 성벽과 성문을 방치했다는 것을 배웠습니다. 하나님의 말씀을 어겨서 받게 된 징벌의 현장을 눈앞에 두고도 10년 동안 그것을 깨닫지 못하고, 리모델링을 위한 조금의 시도도 하지 않은 것입니다.

이제 그동안 했어야 했던 10년 동안 쌓인 일들을 일시에 처리하려고 하니 얼마나 힘이 들고 능력이 모자라게 느껴졌겠습니까?

이것은 먼저 밝혔듯이 체력과 쉼의 문제이기도 하지만 또한 영적인 상태를 파악하고 하나님께 순종하는 영적인 분별의 상태를 말하기도 합니다.

당시 성읍에 쌓여 있던 흙무더기는 우리 마음에 들어있는 예수님을 온전히 섬기지 못하게 하는 여러 가지 잔해를 의미하기도 합니다. 우리의 힘을 소모시키고 우리 마음을 실망시키는 사소한 것들, 우리의 목표를 향해 도달하지 못하게 하는 여러 방해물들을 쓰레기통에 넣어 몽땅 버리십시오.

예수님을 온전히 섬기지 못하게 하는 잔가지들을 제때 쳐주지 않으면 이것들이 어느새 자라나 울창한 숲이 됩니다. 잔가지를 손 질하기는 쉽지만 숲을 제거하기는 매우 어렵습니다. 작은 돌멩이 처럼 가볍게 여겨지는 것들이라도 하나 둘 씩 마음에 쌓아놓다 보 면 어느새 내 힘으로는 제대로 치울 수 없는 거대한 흙무더기가 되고 맙니다.

리모델링을 한시라도 미루지 않고 서둘러 이루어야 하는 이유 는 미룰수록 더욱 힘들어지고 지치기 때문입니다. 적절한 휴식으 로 영과 육에 생기를 회복하고 그 힘으로 더욱 주님께 나아가십시 오. 이 과정을 통해 주시는 하나님의 지혜와 은혜로, 결국 하나님 이 바라시는 굳건한 반석 위에 세운, 예수 그리스도 안에서 새롭 게 되어진 리모델링이 우리들 삶에 이루어질 것입니다.

3. 실패감 때문이었습니다.

10절의 마지막 부분을 보면 유다 사람들은 "우리가 성을 건축 하지 못하리라"라는 말을 했습니다. 그들은 "우리는 계획된 시간 안에 그 일을 처리 할 수 없어. 절대 안 돼. 그건 바보같은 짓이야." 라고 생각 했습니다.

이것은 실패라기보다는 실패에 대한 두려움으로 실망에 빠졌다 고 보는 것이 맞습니다. 실제로 우리들은 직접 실패를 경험하기보 다 실패에 대한 두려움으로 리모델링을 포기하고 시도조차 하지 않습니다. 이솝우화에 나오는 이야기처럼 "저 포도는 분명 신맛이 날 거야."라고 생각하며 포도를 딸 생각조차 안하는 여우와 같이 말입니다.

영국에서 있었던 일인데, 윌리엄 웹 엘리스라는 축구선수가 학교를 대표해서 시합에 나갔습니다. 그는 '럭비'라는 애칭을 사용했는데, 경기 당일 날 어떤 이유에서인지 갑자기 자기에게 온 공을 손으로 붙잡고 뛰는 실수를 저질렀습니다.

축구 경기에서 골키퍼도 아닌 선수가 갑자기 공을 잡고 뛰는 모습을 본 관중들은 박장대소를 했고, 이 일로 인해 윌리엄은 가는 곳마다 조롱을 당하며 실패자로 낙인이 찍혔습니다. 그러나 이때의 실수를 본 어떤 사람은 공을 발로 차지 않고 들고 뛰는 '럭비'라는 새로운 운동경기를 떠올렸고 지금 우리가 아는 럭비는 바로 윌리엄 웹 엘리스의 별명을 따서 만들어진 것입니다.

지금도 4년마다 열리는 럭비 월드컵의 트로피는 '윌리엄 웹 엘리스컵'이라고 불립니다. 윌리엄은 자신은 단순히 실수를 했을 뿐 럭비를 발명한 사람은 아니라고 했지만 럭비를 발명한 사람과 모든 럭비인들은 그가 아니었으면 럭비가 생길 수 없었다고 생각하고 있습니다.

여기서 우리가 알아야 할 교훈은 설령 실패를 하더라도 그 실패마저도 하나님은 위대하게 사용하실 수 있다는 것입니다.

예루살렘 백성들은 하나님의 도우심으로 자신들이 성벽을 리모델링하고 있다는 사실을 알면서도 두려워했습니다. 실패로 끝날까봐 걱정했던 것 입니다. 그러나 실패의 사전적 뜻을 찾아보면 '일을 잘못하여 뜻한 대로 되지 아니하거나 그르침'이라고 나와 있습니다. 이 말 뜻을 잘 생각해보면 실패는 결국 일의 중단이라는 것을 깨닫게 됩니다.

모든 사람은 실패를 할 수밖에 없습니다.

우리 대부분은 태어나서 몸을 가누고, 기어 다니고, 걸음마를 떼고, 젓가락질을 하기 위해서 이미 수만 번의 실패를 경험했습니다. 그러나 아무도 이런 일들로 실패했다고 사람은 없습니다. 그 수많은 실패를 통해 결국 원하는 바를 이루어 냈기 때문입니다. 이처럼 실패는 모든 성공의 중간 과정일 뿐 피하거나 부끄러워할 일이 전혀 아닙니다.

그러나 지금 세상은 잘못된 성공지상주의가 팽배해져 실패의 중요성과 가치를 완전히 사장시켜 버렸습니다. 스스로에게 지금 한 번 물어보십시오.

"무엇이 실패입니까?"

실패를 두려워 하지 않는 사람만이 성공할 수 있습니다.

성공하는 사람에게는 실패가 좋은 자극제이며 당연한 과정일 뿐입니다.

위인 프리드라는 "실패는 죄가 아니지만 시도하지 않은 것은 죄악이다."라는 말을 했습니다.

에드몬드 쿠크는 위의 질문을 통해 실패에 대해서 다음과 같이 말했습니다.

"무엇이 실패입니까? 실패를 제대로 받아들이는 사람에게 실패는 자극제일 뿐이어서, 우리로 기운을 내어 싸우게 하는 것입니다. 그러므로 결코 실패해보지 않은 사람은 한 번도 크게 성공한 적이 없는 사람이라고 쉽게 짐작할 수 있습니다.

달란트 비유에서 한 달란트 받은 종이 주인에게 책망을 받은 이유는 바로 시도하지 않았기 때문입니다. 주인은 종의 능력이 부족했다고, 혹은 돈을 남겨오지 않았다고 벌을 주지 않았습니다. 다만 그가 주인이 맡긴 달란트를 은행에 맡기는 가장 쉬운 시도조차 하지 않았기 때문에 벌을 주었던 것 입니다.

"한 달란트 받았던 자는 와서 이르되 주여 당신은 굳은 사람이라 심지 않은 데서 거두고 헤치지 않은 데서 모으는 줄을 내가 알았으므로 두려워하여 나가서 당신의 달란트를 땅에 감추어 두었었나이다 보소서 당신의 것을 가지셨나이다 그 주인이 대답하여 이르되 악하고 게으른 종아 나는 심지 않은 데서 거두고 헤치지 않은 데서 모으는 줄로 네가 알았느냐 그러면 네가 마땅히 내 돈을 취리하는 자들에게나 맡겼다가 내가 돌아와서 내 원금과 이자를 받게 하였을 것이니라"(마 25:24-27)

메이저리그 마지막 4할 타자인 타격천재 테드 윌리암스는 10번의 타석 중 6번을 실패한 사람이었습니다.

축구에서 가장 확실한 득점 기회인 페널티킥은 성공확률이 70%로 생각보다 높지 않습니다. 10번 중 3번은 득점을 못한다는 뜻입니다. 그러나 페널티킥을 얻었다고 실망하고 낙심하는 사람은 아무도 없습니다.

성경의 많은 인물들, 그리고 신앙의 많은 선배들도 결코 완전무결한 사람들이 아니었습니다. 그들 역시 지금의 우리 모습처럼 수도 없이 넘어지고, 때로는 예수님을 부인하며, 심각한 죄를 짓기도 했습니다.

그러나 간음의 죄를 지었던 다윗은 하나님의 마음에 합한 사람이라는 인정을 받았고, 예수님을 세 번이나 부인했던 베드로는 예루살렘에서 복음을 수호하는 지도자가 되었습니다. 예수님을 믿는 사람들을 죽이기도 했던 바울은 기독교 역사에서 가장 중요한 전도자가 되었습니다.

하나님은 한 번도 실패하지 않는 사람을 쓰기 보다는 오히려 많이 넘어져도 다시 일어설 수 있는 오뚝이 같은 사람들을 사용하십니다. 새로운 도전과 시도를 하는 도중 엄청난 실망감이 불현듯 찾아올 때, 아직 끝난 것이 아니라는 사실을 먼저 떠올리십시오.

본문의 이스라엘 백성들은 공사를 벌써 절반이나 가까이 완성한 상태였습니다. 이제 남은 것은 절반뿐이지만 그들은 피로와 실패에 대한 두려움으로 정말로 '실패'하려고 했습니다. 그러나 중단하기 전에는 결코 실패자가 아닙니다. 다시 일어나서 도전할 용기가 있다면 하나님은 그 사람을 포기하지 않으십니다. 실패의 순간이 찾아왔다고 느껴지면 한 번 더 힘을 낼 순간이 왔다고 받아들이십시오. 실패를 경험했다고, 혹은 실패를 경험할까봐 두려워할 이유는 전혀 없습니다.

4. 두려움 때문이었습니다.

이 두려움은 실제적인 위협과 다가올 불확실한 미래에 대한 감정을 말합니다.

본문의 11절에는 당시 이스라엘 백성들이 공사 중에 어떤 위협을 받고 있었는지가 나와 있습니다.

"우리의 원수들은 이르기를 그들이 알지 못하고 보지 못하는 사이에 우리가 그들 가운데 달려 들어가서 살육하여 역사를 그치게 하리라 하고"(느 4:11)

이스라엘 백성들이 느끼는 두려움에는 합당한 이유가 있었습니다.

성벽 재건을 원하지 않는 무리들이 있었습니다. 이스라엘 백성을 조롱하고, 비웃고, 시기하고, 위협하는 밖의 세력들이 분명히 존재했고, 그들은 때때로 목숨을 위협하며 그들이 성을 재건하는 것을 막으려 했습니다.

그들은 이스라엘 백성을 '살육'할 것이라고 강하게 위협했습니다. 또한 "역사를 그치게 한다."는 말로 아예 진멸을 하겠다는 강한 협박을 했습니다.

수십 년간 패배의식에 빠져 비참한 상황에서 살았지만 그래도 목숨은 지키고 살았던 이스라엘 백성들은 이런 위협을 받고 낙심하며 두려움에 떨었을 것입니다.

지금 우리에게도 이런 일은 일어나고 있습니다.

우리를 비롯한 하나님의 자녀들이 언제든지 "우리가 일어나 건축할 것입니다.", "다시는 수치를 당하지 않을 것입니다."라고 리모델링을 하고자 하면 사탄은 "우리가 일어나 너를 막을 것이다.", "너의 아끼는 것을 빼앗고 미래를 불행하게 만들 것이다."라고 두려운 마음을 줄 것입니다. 그러나 이 마음을 극복하지 않으면 절망에서 희망으로 나아갈 수 없습니다.

고양이를 너무 두려워하는 쥐가 있었습니다.

이 쥐가 하나님을 찾아가 제발 자기도 고양이게 되게 해달라고 부탁했습니다. 하나님은 쥐가 너무 딱해서 고양이로 만들어주셨습니다. 그런데 고양이가 된 쥐가 찾아와 이제는 개가 무섭다며 개로 만들어달라고 애원했습니다.

하나님은 그 소원을 다시 들어주었습니다. 쥐는 너무 만족하며 돌아갔지만 머지않아 같은 이유로 이번에는 호랑이가 되게 해달라고 다시 찾아왔습니다. 자비로우신 하나님은 이번에도 부탁을 들어주었습니다.

그러나 호랑이가 된 쥐가 다시 찾아와 이번에는 사냥꾼이 두렵다고 말을 하자 하나님은 본래 쥐의 모습으로 돌려보내면서 말씀하셨습니다.

"아무리 너의 소원을 들어줘봤자 더는 소용이 없겠구나. 내가 너의 겉모습은 무엇으로 바꿔주어도 네 속이 별 수 없는 새끼 쥐이기 때문이다."

하나님을 통해 우리의 속이 담대해지지 않으면 겉은 아무런 소용이 없습니다.

그때나 지금이나 세상은 하나님을 믿으려고 할 때, 또 새롭게 리모델링을 하려고 할 때, 사람들을 비웃고 비난하고 협박합니다. 그리고 실제적인 해를 정말로 가하기도 합니다. 이 두려움을 우리 힘으로는 막을 수 없습니다. 그러나 다른 방법으로 극복할 수는 있습니다.

세상은 예나 지금이나 믿는 사람들을 핍박하고 시험합니다. 그들의 협박과 위협에 우리가 두려움으로 반응한다면 절대로 리모델링은 성공할 수 없고 세상을 향해 하나님의 영광을 드러낼 수 없습니다. 우리는 이런 위협에 하나님이 주신 담대한 믿음으로 맞대응해야 합니다.

"그런즉 이 일에 대하여 우리가 무슨 말 하리요 만일 하나님이

우리를 위하시면 누가 우리를 대적하리요"(롬 8:31)

　하나님과의 기초공사를 튼튼히 함으로 하나님의 선한 손이 나를 보호하고 인도해주실 것이라는 믿음이 유일한 해결책입니다. 우리의 시각으로 볼 때는 매우 두렵고 떨리는 일이지만 하나님의 시각으로 바라볼 때는 주님을 더욱 의지하게 만들고 믿음과 신앙이 성장하는 절호의 기회이기 때문입니다. 성경의 다른 어떤 인물보다 두려운 상황에 처할 일이 많았던 다윗 왕은 다음과 같이 고백했습니다.

"내가 두려워하는 날에는 주를 의지 하리이다"(시편 56:3)

　두려움은 우리를 깊은 실망으로 인도하는 지름길입니다. 이 세상에서 살아가는 동안 이런 종류의 두려움으로부터 완전히 벗어날 수는 없습니다. 그러나 이 두려움을 극복하는 과정에서 세상적인 지혜와 견해들이 종종 끼어듭니다. 그리고 이런 일들이 두려움을 극복하는 일을 더욱 힘들게 함으로써 리모델링을 힘들게 합니다.

　느헤미야 4장 12절을 보십시오.

"그 원수들의 근처에 거주하는 유다 사람들도 그 각처에서 와서 열 번이나 우리에게 말하기를 너희가 우리에게로 와야 하리라 하기로"(느 4:12)

　이스라엘 백성들이 침략의 위협을 받는 틈을 타서 이와 같이 잘못된 조언을 하는 사람들이 있었습니다. 이들이 자기들에게 오라고 하는 것은 보호하고 위로하기 위해서가 아니라 "지금 너희들이 그만큼 힘든 상황에 처해 있으니 그만 재건을 포기하라."는 의미였습니다.

이스라엘 백성들을 협박하는 원수들의 근처에 있는 사람에게로 찾아가면 어떤 일을 당하겠습니까?

우리가 힘든 상황에 처했을 때도 이런 식으로 접근해오는 사람들이 있습니다. 이런 사람들은 우리를 걱정해주는 척 하기도 하고, 세상적인 지식으로 합당한 근거를 대기도 하지만 이런 조언의 대부분은 결국 세상적인 방식으로 세상적인 두려움을 피하려는 타협점이 될 뿐입니다. 그렇기 때문이 만약 이런 상황에 처해 있다면 일단 사람들을 멀리하며 더더욱 주님과의 관계를 회복해야 합니다.

아무리 신실한 사람도 반복적으로 두려움과 부정적인 상황에 노출되다 보면 사고방식이 두려움과 부정적인 것만을 인식하게 됩니다. 그러면 차츰 성벽 재건을 포기하고자 하는 이스라엘 백성들처럼 리모델링을 포기하게 됩니다.

이럴 땐 현실에서 잠깐 눈을 돌려 하나님의 시각과 마음을 갖고 상황을 바라봐야 합니다. 그러면 그 두려움을 대처할 수 있고 관리할 수 있게 됩니다.

시편 43편 5절에서 두려움을 극복 할 수 있는 방법을 찾으십시오.

"내 영혼아 네가 어찌하여 낙심하며 어찌하여 내 속에서 불안해 하는가 너는 하나님께 소망을 두라 그가 나타나 도우심으로 말미암아 내 하나님을 여전히 찬송하리로다"(시 43:5)

지혜로 장애요인을 극복하는 느헤미야

지금까지 봤듯이 이스라엘 백성이 성벽을 재건하는 일에 매우 심각한 위기들이 찾아왔습니다. 그러나 느헤미야는 이 위기를 극복했습니다.

우리의 삶에도 흔히 올 수 있는 실망들을 그의 지혜를 통해 배울 수 있습니다.

우리도 그 지혜로 우리에게 있는 장애요인이나 낙심을 극복하고 마음을 치유할 뿐 아니라, 어려운 상황에서도 삶을 리모델링할 수 있습니다.

느헤미야 4장에서 이스라엘 백성들이 처해 있는 상황을 다시 한 번 정리해봅시다.

■ 12지파의 핵심이던 유다지파의 분열
■ 처리하기 힘든 거대한 잔해가 존재
■ 원수들의 살해 위협
■ 잘못된 조언자들
■ 뿌리 깊은 패배 의식

느헤미야도 충분히 엘리야나 모세처럼 "나의 목숨을 거두어 가옵소서."라고 하나님께 말할 수 있는 상황이었습니다. 그러나 느헤미야는 보다 현명한 방법을 택했습니다. 이제 와서 공사가 중단되면 사람들은 더 깊은 낙심에 빠져 낙담할 것이라는 것을 알았기 때문입니다. 그는 하나님이 주신 지혜로 실망감에 빠진 사람들을 관리하고 장애요인을 극복할 수 있는 다섯 가지 지혜를 이스라엘 백성에게 적용했습니다.

1. 철저하게 준비 했습니다.

"내가 성벽 뒤의 낮고 넓은 곳에 백성이 그들의 종족을 따라 칼과 창과 활을 가지고 서 있게 하고"(느 4:13)

이스라엘 백성들은 원수들이 쳐들어올까봐 걱정을 하고 있는 동안 느헤미야는 원수들이 쳐들어올 것에 대비해서 준비를 했습니다.

느헤미야의 준비는 보통 준비가 아니라 전략적으로 완벽한 철저한 준비였습니다. 성벽 중에서도 가장 취약한 낮고 넓은 곳을 우선적으로 방어했으며 한 두 지파에게 방어를 맡기지 않아 운명공동체임을 강조했습니다. 무기 역시 칼과 창과 활로 다양하게 준비되어 있었습니다.

우리가 하는 걱정의 96%는 이미 일어나거나 어쩔 수 없는 것들입니다. 이 96%로 인해서 두려워하고 고민하는 사람은 어리석은 사람입니다. 그리고 나머지 4%에 대해서는 할 수 있는 최선의 준비를 하면 됩니다.

장애요소를 통해 걱정하고 실망하게 만들고자 하는 것이 사탄의 전략이었고, 이스라엘 백성들은 거기에 넘어갔지만 느헤미야는 정신을 차리고 있었습니다. 게다가 느헤미야의 준비는 인간적인 노력에서 머물지 않았습니다.

20절에 보면 "하나님이 우리를 위하여 싸우시리라."라는 말씀이 나옵니다. 아마 이스라엘 백성들이 위협만으로 두려워 떨었던 것으로 봐서 원수들의 세력은 그만큼 강대했을 것입니다. 이스라엘 백성들이 전심을 다해 저항한다 해도 상대가 되지 않았을 수도 있습니다.

그러나 느헤미야는 진을 치고 무기를 들고 사람들을 준비시켰습니다. 그것은 성도들의 무기는 육신이 아닌 하나님의 능력이라는 것을 이미 느헤미야가 체험해서 알고 있었기 때문입니다.

"우리의 싸우는 무기는 육신에 속한 것이 아니요 오직 어떤 견고한 진도 무너뜨리는 하나님의 능력이라"(고후 10:4)

"여호와 하나님은 내 편이시라 내가 두려워하지 아니하리니 사람이 내게 어찌할까?"(시 118:6)

이 말씀과 같이 장애물을 이겨내기 위한 행동의 준비에는 하나님에 대한 믿음과 능력에 대한 확신이 반드시 포함되어 있어야 합니다. 그리고 아무리 두렵고 걱정하게 만드는 요인이 있고, 그것이 아무리 크다고 해도 두려워하지 마십시오. 하나님의 능력은 우리가 제한할 수 없을 정도로 광대하고 강력합니다. 또한 아무리 작은 문제라 할지라도 부끄러워하지 말고 솔직히 하나님께 고하고 최선을 다해 준비하십시오. 작은 돌부리에 넘어져 크게 다칠 때가 있듯이 사탄에게 마음의 틈을 주지 않는 것이 가장 중요하기 때문입니다. 이것이 느헤미야로부터 배울 수 있는 첫 번째 지혜입니다.

  2. 동역자들을 격려 했습니다.

  다음으로 느헤미야가 사용한 방법은 격려였습니다.
  "내가 돌아본 후에 일어나서 귀족들과 민장들과 남은 백성에게 말하기를 너희는 그들을 두려워하지 말고 지극히 크시고 두려우신 주를 기억하고"(느 4:14)
  낙심이 새로운 도전과 리모델링에 방해가 되는 가장 큰 이유는 에너지를 빼앗기 때문입니다. 낙심한 사람의 고개는 땅으로 축 처져있어서 하늘의 하나님을 바라보지 못합니다. 그럴 때 다시 고개를 하늘로 들게 만드는 것이 격려입니다.
  느헤미야는 먼저 원수들의 힘을 두려워하지 말라고 백성들을 격려했습니다. 그리고 만왕의 왕이신 하나님의 능력이 원수들보다 훨씬 크다는 것을 잊지 말고 기억하라고 말했습니다.
  "지극히 크고 두려운 주를 기억하라."

이것이 느헤미야의 격려의 핵심이었습니다.

"우리의 상황이 힘들고 지쳐 있지만 주를 기억하라."

"강대한 적과 부정적인 말을 하는 사람들이 있지만 주를 기억하라."

"성벽이 불타고 성문이 부서져 있지만 그럼에도 주를 기억하라."

바로 이렇게 하나님을 떠올리게 하고 다시 마음을 믿음으로 다잡게 만드는 것이 진정한 격려이며, 실망을 이겨내는 효과적인 방법입니다.

"서로 돌아보아 사랑과 선행을 격려하며"(히 10:24)

우리도 다른 사람의 불행을 기뻐하며 거짓된 마음으로 하는 위로가 아니라 바로 하나님을 다시 기억하게 하는 믿음의 격려를 나와, 또 다른 사람들에게 전해야 합니다. 이것이 느헤미야가 보여준 두 번째 지혜입니다.

3. 간곡하게 호소했습니다.

"너희 형제와 자녀와 아내와 집을 위하여 싸우라 하였느니라"(느 4:14)

믿음의 격려를 백성들에게 전하던 14절의 앞부분에 이어서 바로 뒷부분에는 간곡한 호소가 담겨 있습니다.

호소라는 것은 단순히 뜻을 주장하는 행위가 아닙니다. 억울하고 딱한 사정을 남에게 하소연하는 것입니다.

느헤미야는 지금 본인의 처지를 백성들에게 호소하는 것이 아니라 여기서 리모델링을 중단하게 될 경우 더 비참하게 될 이스라엘 백성들과 그들의 가정을 위해 호소한 것입니다.

느헤미야는 단 한 번도 '내가', '나를 위해'라는 말을 사용하지 않았습니다. "내가 이렇게 까지 했는데."라는 말도 쓰지 않았습니다.

느헤미야의 호소는 철저히 상대방의 입장에서 생각한 역지사지의 위로였으며, 또한 리모델링의 중요성을 다시 한 번 일깨워주는 나팔 소리였습니다.

"너희 형제와 자녀와 아내와 집을 위하여 싸우라."는 말씀에 나오는 단어들은 모두 이스라엘 백성들과 관련된 것들입니다. 이 말은 이스라엘 백성들이 재건하고 있는 성벽이 단순히 건물을 보수하는 일이 아니라는 사실을 깨닫게 합니다. 이스라엘 성벽의 리모델링은 하나님으로부터 멀어진 백성들의 회복이었으며, 소중한 가족과 사람들을 지키는 아름다운 헌신이었습니다.

앞에 놓여 있는 장애물로 극심한 낙심이나 스트레스에 심신이 빠져있을 때는 "왜 리모델링을 해야 하는가?"에 대해서 생각을 해 보십시오.

우리의 자녀들을 위해서 리모델링을 해야 합니다.

사랑하는 아내를 위해서 리모델링을 해야 합니다.

날 구원하신 주님을 위해서 리모델링을 해야 합니다.

아직 주님을 안 믿는 사람들을 위해서 리모델링을 해야 합니다.

무엇보다도 나를 위해서 리모델링을 해야 합니다.

자신에게 가장 와 닿는 이유를 떠올리고 다시 한 번 마음 판에 새기십시오.

곧 장애물로 인해 찾아온 무력감이 사라지고 다시 한 번 리모델링을 시작할 힘이 몸과 마음에 생겨날 것입니다. 간곡한 호소로 리모델링의 유익과 필요성을 다시 떠올리게 하는 것이 느헤미야가 보여준 세 번째 지혜입니다.

4. 공동체 의식을 심어 주었습니다.

"우리의 대적이 우리가 그들의 의도를 눈치 챘다 함을 들으니라 하나님이 그들의 꾀를 패하셨으므로 우리가 다 성에 돌아와서 각각 일하였는데 그 때로부터 내 수하 사람들의 절반은 일하고 절반은 갑옷을 입고 창과 방패와 활을 가졌고 민장은 유다 온 족속의 뒤에 있었으며 성을 건축하는 자와 짐을 나르는 자는 다 각각 한 손으로 일을 하며 한 손에는 병기를 잡았는데 건축하는 자는 각각 허리에 칼을 차고 건축하며 나팔 부는 자는 내 곁에 섰었느니라 내가 귀족들과 민장들과 남은 백성에게 이르기를 이 공사는 크고 넓으므로 우리가 성에서 떨어져 거리가 먼즉 너희는 어디서든지 나팔 소리를 듣거든 그리로 모여서 우리에게로 나아오라 우

리 하나님이 우리를 위하여 싸우시리라 하였느니라"(느 4:15-20)

이 말씀은 이스라엘 백성들이 다시 한 마음이 되어 뭉친 모습을 보여주었습니다.

이전에는 공사만 하면 됐지만 이제는 전쟁까지 대비해야 합니다. 전보다 배로 힘든 상황이었지만 이스라엘 백성들은 그만큼 이 리모델링이 중요하다는 것을 알았기 때문에 포기하지 않고 힘을 내어 실망감을 극복했습니다.

여기에 한 가지 더 눈여겨볼 것은 이스라엘 백성들과 느헤미야가 한 약속입니다.

이스라엘 백성들은 어디서든지 나팔 소리를 듣게 되면 한 곳으로 모여서 뭉쳐 싸우기로 했습니다. 이 싸움은 혼자서 하는 것이 아니며 모든 민족에게 매우 중요한 것 이었습니다.

내가 혼자 힘들다고 포기할 문제가 아니라는 것을 모두 깨달은 것입니다.

이스라엘 백성들이 가졌던 공동체 의식을 통해서 우리는 나 한 사람에게 일어나는 리모델링이라도 많은 사람들에게 영향을 줄 수 있다는 것을 알게 됩니다.

또한 리모델링을 하는 과정에서 공동체는 매우 긍정적인 영향을 미칩니다. 이스라엘 백성들이 나팔 소리를 듣고 한 곳에 모이기로 한 것은 그렇게 연합할 때 원수와 대적할 수 있기 때문입니다.

마찬가지로 우리가 속한 가정, 교회, 소그룹 등에서 이와 같이 공동체로 뭉치고, 서로 리모델링을 이루어나가고자 노력하고 격려하면 사탄의 방해를 물리치고 한 발 더 하나님이 기뻐하시는 삶으로의 변화를 이루어 낼 수 있습니다.

이것이 느헤미야로부터 배울 수 있는 실망을 극복하는 네 번째 지혜입니다.

5. 도움을 요청했습니다.

"우리가 이같이 공사하는데 무리의 절반은 동틀 때부터 별이 나기까지 창을 잡았으며 그 때에 내가 또 백성에게 말하기를 사람마다 그 종자와 함께 예루살렘 안에서 잘지니 밤에는 우리를 위하여 파수하겠고 낮에는 일하리라 하고 나나 내 형제들이나 종자들이나 나를 따라 파수하는 사람들이나 우리가 다 우리의 옷을 벗지 아니하였으며 물을 길으러 갈 때에도 각각 병기를 잡았느니라"(느 4:21-24)

느헤미야는 왕의 술 맡은 관원장으로 별 다른 어려움 없이 평생을 궁 안에서 편하게 지낼 수 있는 상황이었다는 것을 우리는 잊어서는 안 됩니다.

느헤미야는 고국 땅의 이야기를 듣고 하나님께 기도로 응답을 구하며 예루살렘의 리모델링을 꿈꿨습니다. 그리고 이제는 이스라엘 백성들과 함께 오만가지 문제들과 맞서며 현장에서 지혜를 짜내며 땀을 흘리고 있습니다.

느헤미야는 이 과정에서 단 한 번도 자신과 이스라엘 백성을 나눠서 생각하지 않았습니다. 4장의 본문을 읽어보면 느헤미야가 '우리'라는 단어를 반복해서 사용하고 있는 것을 봅니다. 게다가 느헤미야는 왕의 조서를 들고 온 왕궁의 사람이었습니다.

느헤미야의 직분은 이스라엘 백성들과 비교할 수 없을 정도로 높았으며 성문을 재건할 재료까지 들고 군대의 호위를 받으면서 왔습니다. "이만하면 됐다." 하고 그냥 돌아가도 충분한 일을 한 사람이 거기에 더해서 백성들과 함께 땀을 흘렸습니다.

그런데 이런 느헤미야가 이스라엘 사람들에게 '명령'을 하지 않고 '부탁'을 했습니다. 지금까지 느헤미야가 실망을 극복하기 위해서 사용했던 모든 지혜는 부탁의 과정을 통해 이루어졌습니다.

느헤미야는 사람들을 준비시켰고, 부드럽게 믿음으로 격려를 했습니다. 기력이 빠진 유다사람들에게 간곡히 부탁함으로 다시 일을 하게 만들었고 리모델링의 중요성을 깨닫게 함으로 더 힘을 북돋아 하나의 공동체로 원수와 대적할 수 있는 시스템을 구축했습니다.

느헤미야가 자신의 신분이나 권력을 들먹이며 실력행사를 했더라면 아마 이스라엘 백성들은 느헤미야의 계획에 동조하지 않았을 것입니다. 당연히 리모델링도 실패로 끝났을 것이며 이스라엘 백성들이 다시 하나님 앞으로 돌아오기 까지는 수십 년이 더 걸렸을 것입니다.

하나님의 일을 완수하고, 리모델링을 완수하는 일에는 이처럼 부탁의 방법이 요긴하게 쓰입니다.

우리도 리모델링을 할 때 장애물이 생기면 공동체의 모임에서 기도제목을 내놓고 중보를 요청하십시오. 하나님의 선한 손의 도우심을 무릎으로 간구하십시오. 하나님은 우리가 감당하지 못할 시험은 주시지 않습니다.

"사람이 감당할 시험 밖에는 너희가 당한 것이 없나니 오직 하나님은 미쁘사 너희가 감당하지 못할 시험 당함을 허락하지 아니하시고 시험 당할 즈음에 또한 피할 길을 내사 너희로 능히 감당하게 하시느니라"(고전 10:13)

우리의 부족한 부분을 하나님께 기도하며 믿음의 동료들에게 도움을 요청하면 하나님은 분명히 헤쳐 나갈 길을 열어주시며 다시 일어설 새 힘을 주십니다. 도움을 요청한다는 행위 자체에도 유익이 있지만 도움은 나의 힘으로만은 할 수 없다는 온유와 겸손의 마음을 가진 사람이 할 수 있는 행동이기 때문입니다.

하나님은 이런 마음을 가진 사람을 기뻐하시고 사람들도 이런 마음을 가진 사람을 좋아합니다. 비록 내 인생의 리모델링이라 할지라도 이것은 나 혼자서 하는 것이 아닙니다. 하나님의 사랑하는 형제자매들이 있는 한 공동체와 하늘에 계신 하나님의 능력을 힘입어 이루어집니다. 그래서 교회의 모임이 중요한 것이며, 성도의 교제가 중요 합니다.

　이것이 느헤미야로부터 배울 수 있는 실망을 극복하는 다섯 번째 지혜입니다.

　장애물은 사람을 낙담하게 하는 강력한 사탄의 도구입니다. 낙담은 리모델링을 하려고 하는 우리의 에너지를 빼앗고 하늘에 계신 하나님을 바라보지 못하게 만듭니다. 그러나 반대로 장애물이나 낙담은 사탄이 이처럼 강력한 도구를 사용해 방해할 정도로 왜 리모델링이 중요한지 우리에게 깨닫게 만듭니다.

　리모델링을 하기로 결심했으면 전진해야 합니다. 낙심이 찾아올 때 주저앉으면 안 됩니다. 이 과정을 극복하면 우리는 하나님이 주시는 은혜를 경험하게 되고 교회라는 공동체의 중요성을 느끼게 됩니다.

　칼 바르트는 "성도는 한손에 성경을, 그리고 다른 한손에는 신문(정보)을!"이라고 했습니다. 신앙은 균형감각이 있어야 합니다.

　느헤미야가 본문에서 보여줬던 우리를 낙담하게 하는 4가지의 장애요소에 대한 정보와 그것을 극복하고 이기게 하는 5가지 지혜의 정보를 통해서, 사탄의 강력한 무기인 낙담이라는 공격을 막아낼 수 있는 희망의 리모델링을 완성하십시오.

4

할 수 있다고 믿어라!

　1950년대 육상전문가들은 1.8Km 정도의 거리인 1마일을 사람의 신체조건으로는 4분 안에 주파하는 것이 불가능하다는 이론을 정했습니다. 좋은 성적을 내는 많은 육상 선수들도 이에 동의했고 그래서 당시에는 다음과 같은 말도 있었습니다.

　"인간은 에베레스트를 올랐고, 북극과 남극도 정복했다.

　그러나 1마일을 4분 안에는 뛰지 못할 것이다.

　그것은 심폐능력의 한계이기 때문에 아무도 극복할 수가 없기 때문이다."

　1마일을 4분 안에 주파하려고 시도하다가는 폐가 터질 수도 있다는 생각을 하는 사람이 많았기 때문에 이 기록을 깰 수 있다고 생각하는 사람은 고사하고 도전하는 사람조차 거의 없었습니다.

　그러나 로저 베니스터라는 의대생은 이 이론을 믿지 않았습니다.

　이미 몇 십 년에 걸쳐 정설로 굳어진 이론이지만 그는 충분히 훈련만 하면 이 벽을 깰 수 있다고 생각했습니다. 그리고 전문 육상선수도 아닌 자기 자신이 직접 도전을 하기 위해 훈련을 시작했고 실제로 1954년도에 공식기록 3분 59초 04의 기록으로 4분의 벽을 최초로 넘어선 사람이 되었습니다. '베니스터의 기적'으로 알려진 이 사실을 접한 다른 선수들도 4분의 벽을 깨기 위해서 도전을 했고 그 뒤로 2년 사이에 300명이 넘는 선수들이 베니스터보다 좋은 기록을 내며 4분의 벽을 넘었습니다.

베니스터는 "그동안 견디지 못한 것은 심폐능력이 아니라 1마일을 4분 안에 뛸 수 없다는 생각이다."라는 말을 남겼습니다. 이처럼 실제 일을 할 수 있는 능력 못지않게 그 일에 대한 긍정적이거나 부정적인 생각들은 매우 큰 영향을 미칩니다.

우리들은 세상을 살아가면서 할 수 있는 일과 없는 일이 어느 정도 정해져 있다고 생각을 합니다. 거기에 대게 이런 일들은 '과학적'으로 혹은 '이론적'으로라는 말로 시작되는 강력한 근거를 가지고 있기 마련입니다. 그러나 역사를 들여다보고 스포츠의 기록을 들여다보면 의외로 과학과 이론으로 규정되는 것보다는 도전하는 사람들의 태도에 따라서 불가능과 가능이 결정되는 경우가 많습니다

우리도 마찬가지입니다.

하나님의 말씀에 대한 믿음에 따라 우리는 도저히 할 수 없는 것을 할 수 있습니다.

"예수께서 이르시되 할 수 있거든이 무슨 말이냐 믿는 자에게는 능히 하지 못할 일이 없느니라 하시니"(막 9:23)

하나님의 말씀을 '아멘'으로 받고 순종한 사람들의 이야기와

'의심'하며 불순종한 사람들의 이야기가 성경에는 아주 많이 나와 있습니다. 그리고 그 결과가 어떻게 되는지도 분명하게 기록되어 있습니다.

느헤미야서에도 이런 이야기가 나옵니다.

느헤미야는 하나님의 말씀을 아멘으로 받고 거룩한 도성 예루살렘성을 다시 재건하려 했습니다. 그러나 이스라엘 백성들은 때때로 대적들의 다양한 방해공작에 빠져서 하나님의 선한 손을 의심하고 리모델링을 포기하려고 했습니다.

우리들도 때로는 하나님의 계획이 우리들이 이해하기에는 너무나 크고 어려워 이스라엘 백성들과 같은 생각을 합니다. 그리고 사탄은 바로 이 틈을 이용해서 의심과 두려움이라는 감정을 이용해 리모델링을 포기하게 만듭니다.

하나님의 말씀을 세상의 패러다임으로 받아들이고 이해하기 때문에 눈앞의 현실이 넘지 못할 벽처럼 느껴지기 때문입니다.

혹시 이 모습이 지금 우리들의 모습이 아닐까요?

그렇다면 이제는 달라져야 합니다. 부정적인 상황과 의견들을 극복해내야만이 리모델링을 포기하지 않고 이룰 수 있습니다.

성도의 긍정은 하나님의 말씀에 대한 순종이며, 리모델링을 가능하게 해주는 스위치입니다. 이 스위치가 켜져야만 성벽을 100% 재건할 수 있고 우리의 리모델링도 아름답게 완수 할 수 있습니다.

말씀의 패러다임

세상 사람들은 "나는 무슨 일이든 할 수 있다."라는 생각을 긍정이라고 말합니다.

그러나 그리스도인들은 "하나님의 말씀에 따라 나는 무엇이든 할 수 있다."라는 생각을 긍정이라고 말합니다.

세상 사람들은 모든 인간사가 우연과 확률에 의해서 일어난다고 생각하지만 그리스도인들은 하나님의 섭리와 예정에 의해서 일어난다고 생각합니다. 이런 차이는 모두 생각의 패러다임에서 오는 것입니다.

패러다임은 어떤 시대를 살아가는 사람들의 견해나 사고를 규정하고 있는 테두리를 말합니다. 패러다임의 정의처럼 시대를 살아가는 사람들의 생각과 사고는 변할 수밖에 없습니다. 그러나 하나님의 말씀은 만고불변의 진리로 변하지 않습니다.

구약시대와 신약시대, 그리고 지금 시대를 살아가는 세상 사람들의 패러다임은 제각각 다를 테지만 이 두 가지 중 어느 패러다임을 가지고 사느냐에 따라 사람들의 삶과 생각은 180도 차이가 납니다.

성도들은 인생의 리모델링 과정에서 하나님이 주시는 목표와 응답을 세상의 패러다임이 아니라 말씀의 패러다임을 통해서 봐야 합니다.

"하나님의 손을 바라보고 성을 재건해 다시는 수치를 당하지 말자."는 느헤미야의 생각이 바로 말씀의 패러다임을 통한 생각이며 "지치고 두려우니 성벽을 지을 수가 없겠다."라는 유다 지파의 생각은 세상의 패러다임을 통한 생각입니다.

하나님이 주신 말씀을 세상적인 시각과 패러다임으로 이해하려고 할 때 충돌이 생기게 되고 "할 수 없다."는 부정적인 생각이 끼어들게 됩니다. 하나님의 가능성과 약속이 아니라 현실의 장애물과 한계를 바라보게 하는 이 부정적인 생각과 시각은 리모델링을 가로막는 사탄의 강력한 도구입니다.

우리는 방해를 극복하기 위해서 패러다임을 새로 정립해야 합니다.

말씀의 패러다임을 가지고 있는 사람은 리모델링을 가능하게 하는 긍정의 스위치를 올린 사람이고, 세상의 패러다임을 가지고 있는 사람은 그렇지 못한 사람입니다. 당연히 세상의 패러다임을 가지고 있는 사람들은 말씀의 패러다임을 가지고 있는 사람들의 생각과 행동이 말이 안 되는 것처럼 보이기에 "그것은 안 된다.", "그 일은 할 수 없다."는 부정적인 의견으로 매섭게 공격을 합니다. 에덴동산에서도 그러했고, 지금 우리가 보고 있는 느헤미야 시대에도 그러했으며, 우리가 살고 있는 시대에도 역시 그러합니다. 하지만 이 부정적인 시각과 의견들을 이겨내고 느헤미야처럼 리모델링을 완수하기 위해서는 더더욱 말씀의 패러다임이 필요합니다.

말씀의 패러다임을 가지고 있을 때 세상 사람들의 반대와 부정적인 시각을 이겨내고 성공적인 리모델링을 완수할 수 있는 것 입니다.

이런 차이를 보여주는 좋은 예가 있습니다.

12세기 때는 남아공 근처의 희망봉이 세상의 끝이라고 생각을 했습니다.

지평선을 넘어가면 끝도 없는 낭떠러지에 떨어진다고 생각했기 때문에 어떤 사람도 그곳을 가보지 않았습니다.

탐험가 바스코 다 가마가 희망봉을 건너겠다고 할 때에도 사람들은 반대를 했습니다. 하지만 수많은 반대와 어려움을 무릅쓰고 바스코 다 가마는 희망봉을 발견했고 인도를 향하는 항로를 개척했습니다. 사람들은 자기들이 갈 것도 아니면서 미지의 세계에 도전하는 바스코 다 가마의 용기까지 꺾으려 했습니다.

콜럼버스의 신대륙개척도 마찬가지입니다.

콜럼버스의 주장은 "대양을 건너가면 대륙이 있을 것이다."라는 아주 단순한 것이었지만 사람들은 여전히 극심한 반대를 했습니다. 여왕의 후원을 받은 콜럼버스가 신대륙을 발견하고 오자 갑자기 사람들은 배를 타고 가기만 하면 되는 당연한 일을 했을 뿐이라고 콜럼버스의 업적을 평가절하 했습니다.

위의 두 가지 예를 생각해보십시오.

바스코 다 가마와 콜럼버스가 탐험을 떠나기 어려웠던 이유는 해보지도 않은 사람들의 극심한 반대 때문이었습니다. 단순히 세상적인 일에도 부정적인 생각을 가지고 무조건적인 반대를 하는 사람들 때문에 될 일도 안 되는 경우가 매우 많습니다.

그런데 하나님의 일에는 이보다 더한 방해가 존재합니다.

느헤미야 6장에 나오는 성벽의 건축 상황이 딱 그랬습니다.

지금까지 지혜롭게 위기를 극복하고 성벽을 재건하던 느헤미야였지만 또 한 번 극심한 방해와 어려움이 찾아왔습니다. 원수들의 비웃음과 모략에 이스라엘 백성들은 혼란을 겪었고 분열을 일으켰습니다. 부정적인 생각과 주위의 환경은 사탄이 오늘날에도 주효하게 쓰는 방해전략입니다.

느헤미야 6장에는 사탄의 이러한 전략이 너무나도 잘 나와 있습니다. 우리는 먼저 느헤미야에 나오는 말씀을 통해서 사탄의 전략이 무엇인지 살펴보고 이를 막을 긍정의 리모델링을 우리 삶 속에 이루어야 합니다.

사탄의 6가지 전략

부정적인 생각을 주입하고 반대를 조장하는 사람들을 주변에 세워놓는 것은 사탄이 역사 이래 계속해서 사용하던 전략입니다. 이 전략은 우리의 마음을 부정적으로 돌려 리모델링을 포기하게 만들기 위한 것 입니다.

느헤미야 6장에도 이 사탄의 전략에 대해서 나와 있습니다.

느헤미야 본문을 통해서 당시의 상황과 사탄의 전략에 대해서 한 가지씩 먼저 알아보겠습니다.

1. 비웃음입니다.

"자기 형제들과 사마리아 군대 앞에서 일러 말하되 이 미약한 유다 사람들이 하는 일이 무엇인가, 스스로 견고하게 하려는가, 제사를 드리려는가, 하루에 일을 마치려는가 불탄 돌을 흙 무더기에서 다시 일으키려는가 하고"(느 4:2)

산발랏은 이스라엘 사람들이 성을 재건한다는 소식을 듣고 크게 분노를 했습니다.

그리고 그가 선택한 첫 번째 전략은 비웃음으로 백성들의 힘을 빼는 것이었습니다. 이스라엘 백성들은 이미 오랜 포로생활로 패배의식이 뿌리 깊게 마음속에 자리 잡고 있었는데, 산발랏은 이 약점을 비웃음을 통해서 건드렸습니다.

한 가지 주목할 것은 때때로 이 비웃음은 실제 우리 모습을 나타낼 때도 있다는 사실입니다. 우리의 과거의 실수나 잘못을 알고 있는 사람들은 계속해서 우리의 과거를 근거로 비웃습니다.

말씀의 패러다임을 가지고 있고 긍정의 리모델링을 이룬 사람은 이런 공격에 끄떡없지만 그렇지 않은 사람들은 수치심과 모멸감을 느껴 리모델링을 지속해나갈 에너지를 잃게 됩니다.

느헤미야 4장 2절에서 산발랏은 유다 사람들을 '미약' 하다고 표현했습니다. 성경 원전에는 '아말렐림' 이라는 단어가 사용됐는데 이는 '쇠퇴하다' 라는 뜻의 '아말' 이라는 동사에서 파생된 말로 '나무가 시들어 말라비틀어짐' 이라는 뜻입니다.

사탄은 사람들을 시켜 계속해서 우리의 리모델링의 시도를 비웃게 만듭니다.

우리가 스스로를 보잘 것 없는 존재로 생각하고, 자기 연민에 빠져 우리를 나약한 존재로 느끼게 만드는 것이 사탄의 의도입니다. 우리를 말라비틀어지게 해서 리모델링을 할 에너지를 소멸시키기 위해서입니다. 어찌 보면 사탄의 비웃음대로 우리의 육체와 의지가 너무도 연약하게 느껴질 때가 있습니다. 그러나 이런 전략을 이겨낼 수 있는 것은 우리가 하나님의 말씀을 믿을 때입니다.

"우리의 싸우는 무기는 육신에 속한 것이 아니요 오직 어떤 견고한 진도 무너뜨리는 하나님의 능력이라 모든 이론을 무너뜨리며"(고후 10:4)

4장 2절에 나오는 산발랏의 조롱은 제 3자인 우리가 보기에도 기분이 나쁠 정도로 심한 비아냥거림입니다. 당사자인 이스라엘 백성들에게는 뿌리 깊은 패배의식과 비참한 생활상까지 겹쳐 더욱 견디기 힘들게 느껴졌을 것입니다.

그러나 느헤미야는 자신들이 의지하고 있는 것이 사람의 지혜나 우수함이 아니라 하나님의 능력이라는 것을 알았습니다. 아무리 강력한 군대가 쳐들어오거나 심각한 방해가 있다고 하더라도 결국 성벽은 재건되고 하나님께서 모든 일을 진행시켜줄 것이라는 믿음이 느헤미야에게는 있었습니다. 이런 비웃음과 조롱을 극복하고 느헤미야는 한 장 한 장 성벽의 벽돌을 쌓았습니다. 느헤미야가 쌓은 벽돌은 그야말로 믿음의 벽돌이었습니다.

할리우드의 유명배우인 윌 스미스는 원래 10대 때 랩으로 성공한 가수였습니다. 그러나 너무 일찍 성공을 한 탓에 재정에 대한 관념이 거의 없었고, 번 돈을 흥청망청 쓰며 방탕한 생활을 했습니다. 윌 스미스의 아버지는 군인출신으로 매우 엄격한 분이었는데 어려서부터 새벽 6시에 깨워 냉동고를 정리하는 일을 돕게 했습니다. 그런데 돈을 벌며 무절제한 삶을 살던 윌 스미스는 결국 이제 자기는 너무 바쁘고 피곤해서 새벽에 일을 하지 못하겠다는 약간의 반항을 했습니다. 아버지는 다음날 윌과 동생을 함께 부른 뒤 냉동고의 벽을 완전 무너뜨렸습니다. 그리고 형제들이 누구의 도움도 받지 않고 반드시 스스로의 힘으로만 쌓아야 한다고 엄포를 놨습니다. 아버지의 명을 거역할 수는 없었기에 형제는 매일 아침 일어나 벽을 쌓았습니다. 워낙 큰 벽이었기에 도저히 끝이 보이지 않았습니다. 윌 형제는 아버지가 시킨 이 일을 '필라델피아 만리장성 쌓기'라고 불렀습니다. 그들은 6개월이 지나서야 겨우 벽을 다 쌓을 수 있었습니다. 벽을 완성한 날 아버지는 자녀들을 불러 다음과 같이 말했습니다.

"이제 어떤 일이든 못한다는 말은 하지 말거라."

아버지는 이 한 마디를 하기 위해서 6개월 동안이나 걸리는 일을 시킨 것입니다. 윌 스미스는 나중에 한 언론과의 인터뷰에서 이때의 일화에 대해서 말한 적이 있습니다.

"한 장씩 벽돌을 쌓다 보면 언젠가는 벽이 됩니다. 그 벽은 아무리 오래 걸려도 언젠가는 쌓아야 합니다. 피할 수 없는 일이죠. 그래서 저는 벽에 대해서는 크게 걱정하지 않습니다. 열심히 벽돌을 쌓는 일만 집중하면 벽은 알아서 만들어진다는 사실을 알았으니까요."

벽돌 한 장을 쌓는 일은 매우 가벼운 일처럼 보이지만 거대한 만리장성도 결국 벽돌을 한 장씩 쌓아서 만든 성벽입니다. 상대방의 비웃음에 개의치 않고 묵묵히 리모델링을 하는 느헤미야처럼, 우리도 리모델링을 시작 할 때, 주변의 비웃음을 개의치 말아야겠습니다. 그것은 사탄의 전략이니 빠져들어서는 안됩니다. 하나님의 군대 안에 하찮은 군사는 한 사람도 없고 쓸모없는 은사와 재능을 가지고 태어난 사람은 단 한 명도 없습니다.

우거진 숲 속에 들어가면 새들이 지저귀는 아름다운 소리가 들

럽니다. 그러나 새를 키우는 사람들은 새들이 다 똑같이 아름다운 목소리를 내거나 노래를 잘하는 게 아니라는 사실을 알고 있습니다. 그토록 아름다운 목소리를 가진 새들도 노래를 잘하는 새와 못하는 새가 있습니다. 만약 노래를 못하는 새들은 가만히 있어야 한다고 생각해 보십시오. 그러면 숲에는 오직 단 한 마리가 노래하는 소리만 들리게 될 것입니다. 그 소리가 저마다의 지저귐보다 아름다울까요? 그렇지 않습니다. 게다가 우리는 그 소리를 제대로 듣기 조차 못할 것입니다.

이렇듯 노래 실력의 여부와 상관없이 모든 새들이 지저귀는 소리가 숲을 더욱 아름답게 꾸며주듯이 우리가 가진 실력과 빈부에 상관없이 하나님을 열심히 섬기는 일이 하나님의 영광을 이 땅에 드러내는 일에 아름답게 사용됩니다. 그렇기 때문에 더욱 두려움 없이 리모델링을 위한 용기와 결단의 일들을 시작해야 합니다.

2. 두렵도록 만듭니다.

"우리의 원수들은 이르기를 그들이 알지 못하고 보지 못하는 사이에 우리가 그들 가운데 달려 들어가서 살륙하여 역사를 그치게 하리라 하고 그 원수들의 근처에 거주하는 유다 사람들도 그 각처에서 와서 열 번이나 우리에게 말하기를 너희가 우리에게로 와야 하리라 하기로 (느 4:11-12)

두려움은 우리를 소극적으로 만듭니다.

사탄은 수시로 설교자인 저를 두렵게 하려고 했습니다.

그래서 바울은 믿음의 아들 디모데에게 "하나님이 우리에게 주신 것은 두려워하는 마음이 아니요 오직 능력과 사랑과 근신하는 마음이라"(딤후 1:7)고 말했습니다.

두려워하는 마음은 사탄이 우리에게 교묘하게 주는 마음입니다.

성경을 살펴보면 하나님께서 우리에게 "두려워 말라"고 말씀하신 횟수가 무려 365개라는 연구가 있습니다. 365개! 1년 365일 내내 한 순간도 두려워하지 말라는 뜻이 아닐까요?

성경에 나오는 우리가 부러워하는 믿음의 용장들도 두려워했던 것을 볼 수 있습니다. 그들도 역시 우리와 똑같은 인간이었으니까요. 하지만 그럴 때마다 하나님은 "두려워 말라"고 이들에게 말씀하고 계십니다.

하나님께서 아브라함에게 하신 말씀입니다.

"이 후에 여호와의 말씀이 환상 중에 아브람에게 임하여 이르시되 아브람아 두려워하지 말라 나는 네 방패요 너의 지극히 큰 상급이니라"(창 15:1)

하나님께서 여호수아에게 하신 말씀입니다.

"내가 네게 명령한 것이 아니냐 강하고 담대하라 두려워하지 말며 놀라지 말라 네가 어디로 가든지 네 하나님 여호와가 너와 함께 하느니라 하시니라"(수 1:9)

하나님께서 엘리야에게 하신 말씀입니다.

"여호와의 사자가 엘리야에게 이르되 너는 저를 두려워 말고 함께 내려가라 하신지라 엘리야가 곧 일어나 저와 함께 내려와서 왕에게 이르러"(왕하 1:15)

우리가 잘 아는 말씀인 이사야 41장 10절입니다.

"두려워하지 말라 내가 너와 함께 함이라 놀라지 말라 나는 네 하나님이 됨이라 내가 너를 굳세게 하리라 참으로 너를 도와주리라 참으로 나의 의로운 오른손으로 너를 붙들리라"

두려움은 우리의 능률을 축소시킵니다. 생산력을 약화시킵니다. 그리고 전염성이 있습니다. 두려움을 표현하는 한 사람 때문에 집단이 영향을 받습니다. 그래서 하나님께서는 기드온이 전쟁터에서 적과 싸우려 할 때 "두려워서 떠는 자들은 집으로 돌려보내라"(삿 7:3)고 말씀하셨습니다. 두려움에 떠는 한 사람이 그들 모두에게 두려움을 가져올 수 있기 때문입니다.

사탄은 어떻게 해서든지 우리에게 두려움을 갖게 하려고 온갖 수단과 방법을 다 사용할 것 입니다. 우리는 하나님을 믿는 믿음으로 이것을 이겨내야 합니다.

느헤미야는 이 사탄의 전략 앞에서 그의 백성들을 무장시켰습니다.

4장 17절 말씀에서 볼 수 있습니다.

"성을 건축하는 자와 담부하는 자는 다 각각 한 손으로 일을 하며 한 손에는 병기를 잡았는데"

오늘 날 우리가 리모델링해야 할 것은 성벽이 아니라 우리의 삶이며, 무기로 들어야 할 것은 병기가 아니라 하나님의 말씀과 기도입니다.

3. 분쟁을 조장합니다.

"우리 하나님이여 들으시옵소서 우리가 업신여김을 당하나이다 원하건대 그들이 욕하는 것을 자기들의 머리에 돌리사 노략거리가 되어 이방에 사로잡히게 하시고 주 앞에서 그들의 악을 덮어두지 마시며 그들의 죄를 도말하지 마옵소서 그들이 건축하는 자 앞에서 주를 노하시게 하였음이니이다 하고 이에 우리가 성을 건축하여 전부가 연결되고 높이가 절반에 이르렀으니 이는 백성이 마음 들여 일을 하였음이니라"(느 4:4-6)

위 말씀을 통해 알 수 있듯이 사탄의 전략인 비웃음이나 두려움은 이스라엘 백성들에게 통하지 않았습니다. 오히려 하나님을 찾고 간구하게 만들었으며 이로 인해 백성들은 정성껏 성벽을 보수해 어느새 절반 가까이나 공사를 진척시켰습니다. 그러자 사탄은 세 번째 방법인 분쟁을 사용했습니다.

"그 때에 백성들이 그들의 아내와 함께 크게 부르짖어 그들의 형제인 유다 사람들을 원망 하는데"(느 5:1)

우리는 오히려 열두 지파의 맏형 노릇을 해야 하는 유다 지파가 가장 먼저 리모델링을 그만두고자 하는 모습을 보았습니다. 그런데 아마 그런 여파인지 다른 지파들 사이에서도 유다 지파에 대한 믿음이 조금씩 사라졌던 것 같습니다.

5장 1절을 보면 이 분쟁은 여자들까지 참여한 총체적인 분쟁이었습니다. 그러나 실상을 보면 어려운 환경과 고리대금, 백성들 간의 빈부격차가 포함된 좀 더 복잡한 문제였음이 드러납니다.

비웃음은 외부에서 들어오는 공격이며 개인이 공격을 당하면 개인이 넘어집니다. 그러나 분열은 내부에서 들어와 막기가 더욱 힘들며 개인이 공격을 당해도 반드시 2명 이상이 넘어집니다. 그래서 사탄은 1차적인 비웃음이나, 2차적인 두려움이 통하지 않으면 분쟁을 일으키려고 합니다.

그러나 하나님의 속성은 '연합'과 '화합'이지 '분열'과 '불신'이 아닙니다.

역사를 살펴보십시오. 분열을 일으키는 사탄의 속성이 임할 때 언제나 끔찍한 재앙들이 나타났습니다. 비단 역사 뿐 아니라 교회사에도 이런 마귀의 전략이 나타나 있고 심지어 지금도 잘 통하고 있습니다.

사탄은 서로를 믿지 못하게 하고, 편을 가르게 하면 인간이 스스로 분쟁과 분열을 일으켜 파멸에 이른다는 것을 아주 잘 알고 있습니다. 지금은 교회 내에서도 성도 간의 분쟁으로 힘들어하고, 교파 내에서도 아름다운 연합의 모습이 실종된 지 오래입니다.

'하나님안에서 형제자매'는 말뿐이지 도무지 그 말에 합당한 모습이 보이지 않는 듯 합니다. 이것은 지금 우리가 직면해 있는 매우 큰 문제입니다.

저는 학생 때 영국의 유명한 설교자 스펄전(C.H. Spurgeon)의 설교를 읽었던 적이 있습니다. 그 제목은 "어떻게 성인들이 사탄의 조력자가 되는가?"인데, 결론은 시기와 분쟁으로부터 이런 일들이 일어난다는 내용이었습니다.

분쟁은 사탄의 주요전략이기도 하지만 하나님이 가장 싫어하시는 모습이기도 합니다.

"여호와께서 미워하시는 것 곧 그의 마음에 싫어하시는 것이 예닐곱 가지이니 곧 교만한 눈과 거짓된 혀와 무죄한 자의 피를 흘리는 손과 악한 계교를 꾀하는 마음과 빨리 악으로 달려가는 발과 거짓을 말하는 망령된 증인과 및 형제 사이를 이간하는 자이니라"(잠 6:16- 19)

느헤미야도 이 문제를 알고 있었습니다.

그래서 그는 당장 높은 자리에 있는 사람들, 더 많이 가진 사람들을 찾아가 꾸짖고 새로운 해결책을 내놓았습니다. 분열의 문제는 서둘러 해결해야 하는 급한 문제였고, 또한 지혜가 필요한 문제였습니다.

느헤미야의 해결책은 5장에 매우 자세하게 서술되어 있지만 한 마디로 정리하면 '양보와 나눔'입니다. 기득권층은 자신들의 이득을 포기하고 싶지 않았겠지만 그들은 따를 수밖에 없었습니다. 느헤미야가 하는 말이 이치에 너무나도 들어맞았고, 또 그곳에서 누구보다 높은 신분인 느헤미야 자신부터가 그 일에 참여했기 때문입니다.

　미국 심리학계에 잘 알려진 유명한 실험이 있습니다.

　어떤 남자가 매주 마을을 돌면서 집집마다 10달러씩을 놓고 갔습니다. 첫 주에 집 앞에 놓인 돈을 발견한 사람들은 약간의 의심을 했으나 대부분 돈을 집어 갔습니다. 이 주째에는 오늘도 돈이 오는지 나와서 기다리는 사람들이 생기기 시작했습니다. 셋째 주에는 더 이상 돈을 받는 일에 의심을 갖는 사람이 한 명도 없었습니다. 넷째 주에는 마치 당연한 것처럼 돈을 집어 갔습니다. 이렇게 한 달 간의 실험이 끝났기 때문에 남자는 더 이상 돈을 놓지 않고 마을을 지나갔습니다. 그런데 사람들은 크게 화를 내며 "왜 오늘은 돈을 안 가져왔냐?"며 남자에게 따지기 시작했습니다. 그냥 공짜로 생기던 돈인데 기간이 지속되자 마치 당연한 권리로 생각한 것입니다. 그냥 주어진 이런 일에도 사람이 이처럼 이기적이라면 만약 자신이 노력해서 얻은 어떤 성취에 대해서는 얼마나 이기적인 모습이 되겠습니까?

　나의 주장만 내세워서는 결코 화합을 이룰 수 없습니다. 나의 이득과 권리를 포기하고서라도 때로는 상대방의 형편을 살필 줄 알고 대승적인 시각으로 미래를 그릴 줄 알아야 합니다.

예수님은 "집이 둘로 나뉘면 지탱할 수 없다"는 말씀을 통해서 분쟁의 문제를 다룰 때 우리가 어떤 생각을 해야 하는지 알려주셨습니다. 또한 분열의 문제는 바로 나부터 시작된다는 것을 알아야 합니다. "나는 잘하는 데 다른 사람이 문제다"라는 생각으로는 절대로 분열의 문제를 해결할 수 없습니다.

5장의 후반부에 가면 백성들의 화합을 이루기 위해서 느헤미야가 얼마나 많은 손해를 감수했는지를 알 수 있습니다. 느헤미야는 하나님을 경외했고, 또 모든 일을 기억하시고 은혜를 베푸시는 하나님을 믿었기에 이런 일들을 감수할 수 있었습니다.

"나보다 먼저 있었던 총독들은 백성에게서, 양식과 포도주와 또 은 사십 세겔을 그들에게서 빼앗았고 또한 그들의 종자들도 백성을 압제하였으나 나는 하나님을 경외하므로 이같이 행하지 아니하고"(느 5:15)

"내 하나님이여 내가 이 백성을 위하여 행한 모든 일을 기억하사 내게 은혜를 베푸시옵소서"(느 5:19)

느헤미야는 분쟁이 왜 일어나서는 안 되는지, 지금 일어난 분쟁의 원인이 무엇인지 알고 있었습니다. 그리고 그는 그 문제를 해결하기 위해서 양보와 나눔이라는 방법을 제시했고, 그도 역시 거기에 동참했습니다. 그는 이 일로 인해서 세상적으로나, 경제적으로 많은 손해를 봤습니다. 그러나 그로 인해 백성들을 하나로 화합할 수 있었고, 예루살렘 성벽을 재건하는 리모델링을 계속 해나갈 수 있게 되었습니다.

4. 한눈을 팔게 합니다.

"산발랏과 도비야와 아라비아 사람 게셈과 그 나머지 우리의 원수들이 내가 성벽을 건축하여 허물어진 틈을 남기지 아니하였다 함을 들었는데 그 때는 내가 아직 성문에 문짝을 달지 못한 때였더라 산발랏과 게셈이 내게 사람을 보내어 이르기를 오라 우리가 오노 평지 한 촌에서 서로 만나자 하니 실상은 나를 해하고자 함이었더라 내가 곧 그들에게 사자들을 보내어 이르기를 내가 이제 큰 역사를 하니 내려가지 못하겠노라 어찌하여 역사를 중지하게 하고 너희에게로 내려가겠느냐 하매 그들이 네 번이나 이같이 내게 사람을 보내되 나는 꼭 같이 대답하였더니"(느 6:1-4)

1950년대에는 미국에서 전국적으로 부흥의 불길이 번지던 시기였습니다.

이 시대에는 특별히 유명한 부흥사 세 명이 있었는데, 척 템플턴과 브론 클리포드, 빌리 그래함이었습니다. 이 중에서 빌리 그래함 목사님은 기독교인이라면 지금도 모르는 사람이 없을 정도로 유명한 분입니다.

그러나 당시에는 오히려 척 템플턴과 브론 클리포드에 비하면 무명에 가까웠습니다.

1946년도에 미국에서 발간된 전국복음주의연합의 "하나님이 최고로 사용하시는 사람"이라는 기사에는 척 템플턴과 브론 글리포드가 가장 먼저 나왔고 빌리 그래함 목사님은 아예 등재조차 되지 못했습니다.

척 템플턴은 "지금 시대의 가장 뛰어난 은사를 가진 설교자"라는 찬사를 받았고, 브론 클리포드는 "몇 세기 한 번 나올만한 설교자"라고 불렸습니다. 이들이 가는 곳마다 수천 명의 사람들이 찾아왔고 사람들은 집회장에 들어가기 위해서 긴 줄을 서서 기다렸습니다.

20대 중반에 이런 위대한 업적을 남겼기에 많은 기독교인들은 이들의 인생을 통해서 매우 많은 사람들이 하나님께 돌아오게 될 것이라고 생각했습니다.

그러나 10년 뒤 브론 클리포드는 과음으로 인한 간경화로 세상을 떠났습니다.

그는 심각한 알코올중독으로 가족과 건강을 잃고, 피폐한 삶을 살다가 교외의 황폐한 호텔에서 세상을 떠났습니다.

척 템플턴은 5년 뒤 설교사역을 통해 얻은 인기를 바탕으로 라디오와 텔레비전으로 진출을 했습니다. 템플턴은 점점 성공가도를 달리며 캐나다에서 가장 큰 신문사를 인수하기도 했고, 캐나다 수상이 되기 위해 후보로 출마하기까지 했습니다. 하지만 그 과정에서 신앙은 완전히 포기를 했고 심지어는 "굳 바이, 하나님! 내가 기독교 신앙을 버린 이유"라는 책까지 썼습니다.

반면에 빌리 그래함 목사님은 전 세계를 돌아다니며 끊임없이 복음을 전했고 지금도 미국인들에게 가장 큰 영향력을 주는 존경받는 목사님으로 선정되었습니다.

사탄이 믿음의 사람들을 공격하는 가장 강력한 방법 중의 하나는 한 눈을 팔게 하는 것입니다. 세상의 많은 즐거움과 쾌락에 시선을 빼앗긴 사람은 누가 시키지 않아도 스스로 신앙을 포기합니다. 예수님이 광야에서 사십일 동안 금식을 하실 때 사탄이 예수님을 시험한 방법도 세상의 권력과 명예에 시선을 돌리게 하는 것이었습니다.

"마귀가 또 그를 데리고 지극히 높은 산으로 가서 천하 만국과 그 영광을 보여 이르되 만일 내게 엎드려 경배하면 이 모든 것을 네게 주리라 이에 예수께서 말씀하시되 사탄아 물러가라 기록되었으되 주 너의 하나님께 경배하고 다만 그를 섬기라 하였느니라"(마 4:8-10)

6장에 산발랏이 느헤미야를 대적하는 방법이 마치 이와 같았습니다.

성벽을 재건하려는 느헤미야의 시선을 다른 곳으로 돌리게 하기 위해서 그는 평화를 가장한 비방의 편지를 보냅니다. 절대 권력 자인 왕을 들먹이며 마치 느헤미야가 오해를 받을 수 있다는 식으로 두려움을 느끼게 하는 것이 사탄과 산발랏의 목적이었습니다.

"그 글에 이르기를 이방 중에도 소문이 있고 가스무도 말하기를 너와 유다 사람들이 모반하려 하여 성벽을 건축한다 하나니 네가 그 말과 같이 왕이 되려 하는도다 또 네가 선지자를 세워 예루살렘에서 너를 들어 선전하기를 유다에 왕이 있다 하게 하였으니 지금 이 말이 왕에게 들릴지라 그런즉 너는 이제 오라 함께 의논하자 하였기로"(느 6:6-7)

5. 모함을 합니다.

"산발랏이 다섯 번째는 그 종자의 손에 봉하지 않은 편지를 들려 내게 보냈는데 그 글에 이르기를 이방 중에도 소문이 있고 가스무도 말하기를 너와 유다 사람들이 모반하려 하여 성벽을 건축한다 하나니 네가 그 말과 같이 왕이 되려 하는도다. 또 네가 선지자를 세워 예루살렘에서 너를 들어 선전하기를 유다에 왕이 있다 하게 하였으니 지금 이 말이 왕에게 들릴지라 그런즉 너는 이제 오라 함께 의논하자 하였기로"(느 6:5-7)

사탄은 우리를 실족시켜 리모델링을 막으려고 우리의 진실함과 노력, 그리고 열정을 비방합니다. 때로는 우리의 동기까지 싸잡아 비난을 하며 하나님께 영광을 돌리고자 하는 일에 힘을 내는 것을 가로막습니다.

적은 느헤미야에게 이렇게 말했습니다.

"너는 네 자신의 영광을 위하여 일하고 있다. 너는 왕이 되기 위해 이일을 하는 거지?"

진정한 하나님의 사람은 사역에서 꿍꿍이속을 챙기지 않습니다.

사탄은 매우 영리합니다. 누구도 따라 올 수 없는 시나리오의 대가입니다. 그리고 그는 어떻게 하면 인간들을 악용하여 효과를 극대화 할 수 있는지를 잘 압니다.

그래서 느헤미야는 이렇게 말했습니다.

"내가 사람을 보내어 그에게 이르기를 네가 말한바 이런 일은 없는 일이요 네 마음에서 지어낸 것이라"(느 6:8)

사탄의 속임수에 넘어가면 안 됩니다.

사탄은 이런 일에 명수입니다.

욥이 당했던 비방과 베드로가 넘어졌던 것을 생각해 보십시오.

6. 포기하게 만듭니다.

사탄의 발악은 정말로 집요하고 끈질깁니다.

6장 10절부터 12절을 보십시오.

"이 후에 므헤다벨의 손자 들라야의 아들 스마야가 두문불출하기로 내가 그 집에 가니 그가 이르기를 그들이 너를 죽이러 올

터이니 우리가 하나님의 전으로 가서 외소 안에 머물고 그 문을 닫자 저들이 반드시 밤에 와서 너를 죽이리라 하기로 내가 이르기를 나 같은 자가 어찌 도망하며 나 같은 몸이면 누가 외소에 들어가서 생명을 보존하겠느냐 나는 들어가지 않겠노라 하고 깨달은 즉 그는 하나님께서 보내신 바가 아니라 도비야와 산발랏에게 뇌물을 받고 내게 이런 예언을 함이라"(느 6:10-12)

나중에는 느헤미야의 측근까지 이용해 리모델링을 방해합니다.

스마야가 꼼짝 안하고 집에만 있어 느헤미야가 찾아갑니다. 그랬더니 하는 말이 "그들이 너를 죽이려 하니 숨으라"는 겁니다. 느헤미야는 "나는 그렇게 하지 않겠다. 내가 뭐 잘못한 것도 없는데... 굳이 숨을 이유가 없잖은가?"라고 답 합니다.

그런데 알고 보니 느헤미야를 위해서 그러는 것이 아니라 적들이 보낸 사람이었습니다.

산발랏은 느헤미야의 측근을 이용해 느헤미야가 두려움에 떨며 숨어 있게 만들려고 했습니다. 그리고 느헤미야의 그런 약한 모습을 빌미로 이스라엘 백성들의 의지를 와해시켜 거의 완성되어 가는 리모델링을 무너트리려고 했습니다. 그러므로 만약 우리의 리모델링 중에 사탄의 방해가 더욱 거세게 느껴진다면 그것은 리모델링이 거의 완성되고 있다는 신호입니다. 사도 요한은 이렇게 말했습니다.

"사랑하는 자들아 영을 다 믿지 말고 오직 영들이 하나님께 속하였나 분별하라 많은 거짓 선지자가 세상에 나왔음이라"(요일 4:1)

우리도 분별의 영을 받아야 합니다.

바울은 고린도 교회에 보낸 편지에서 이렇게 말했습니다.

"그런 사람들은 거짓 사도요 속이는 일꾼이니 자기를 그리스도의 사도로 가장하는 자들이니라"(고후 11:13)

다윗이 한번은 이런 고백을 했습니다.

"내 마음이 내 속에서 심히 아파하며 사망의 위험이 내게 이르렀도다. 두려움과 떨림이 내게 이르고 공포가 나를 덮었도다. 나는 말하기를 만일 내게 비둘기같이 날개가 있다면 날아가서 편히 쉬리로다"(시 55:4-6)

예수님께서 우리에게 가르치신 말씀입니다.

"예수께서 이르시되 손에 쟁기를 잡고 뒤를 돌아보는 자는 하나님의 나라에 합당치 아니하니라"(눅 9:62)

일을 하다가 뒤엎어버리고 도망할 수 있습니다. 그건 자유입니다. 그러나 도망가고 날아가면 일을 성취할 수 없고 하나님이 주시는 놀라운 평화를 가질 수 없습니다. 눈을 감는다고 예루살렘성의 처참한 상황이 사라지는 것이 아니듯, 우리 삶에 처한 문제들은 도처에 그대로 남아있는 분명한 사실입니다.

인생의 다양한 문제들이 신경 쓰이고 이런 것들이 리모델링보다 당장 더 중요한 일들이라고 생각되더라도 포기하지 말고 조금만 더 노력하십시오. 느헤미야도 이런 대적들의 방해에 굴하지 않고 결국 하나님이 명하신 대로 성벽의 리모델링을 완성시켰습니다. 사탄의 전략을 물리칠 더 강한 무기가 느헤미야의 손에 들려 있었기 때문입니다.

성벽을 완성하는 세 가지 무기

"성벽 역사가 오십이 일 만인 엘룰월 이십오일에 끝나매"(느 6:15)

하나님의 도성인 예루살렘의 성벽은 결국 완공이 되었습니다. 사탄은 느헤미야를 비웃고, 백성들 간의 분열을 일으켰습니다. 나중에는 비방과 협박, 측근의 배신이라는 다양한 방법으로 느헤미야의 시선을 리모델링에서 다른 곳으로 돌리려고 했지만 느헤미야는 이런 일들을 정말로 지혜롭게 극복하고 결국 성벽을 완벽하게 보수했습니다.

사탄의 전략은 너무나 무섭고 집요합니다. 분명 우리의 힘으로는 이런 공격들을 막을 수도 없고 피할 수도 없습니다. 그러나 우리의 무기는 육체가 아니라 하나님이 주시는 말씀의 능력입니다.

고린도후서 10장 4절 말씀을 다시 한 번 보겠습니다.

"우리의 싸우는 무기는 육신에 속한 것이 아니요 오직 어떤 견

고한 진도 무너뜨리는 하나님의 능력이라 모든 이론을 무너뜨리며"(고전 10:4)

하나님의 말씀을 믿고 따르는 사람들의 삶은 긍정과 열정의 모습으로 나타납니다. 이처럼 하나님의 말씀을 긍정할 때, 마귀의 집요한 전략을 무찌를 수 있게 됩니다.

느헤미야는 사탄의 전략을 '집중'과 '용기'와 '믿음의 전진'을 통해 슬기롭게 극복했습니다.

1. 집중

사탄이 우리의 시선을 빼앗기 위해서 다양한 방법을 사용할 때 우리는 더더욱 사역에 집중을 해야 합니다. 시선을 빼앗기는 이유는 세상의 즐거움과 쾌락이 주는 유익이 너무 크기 때문이 아니라 하나님이 주신 정말로 귀한 사명을 찾지 못했기 때문입니다.

"모든 것을 해로 여김은 내 주 그리스도 예수를 아는 지식이 가장 고상하기 때문이라 내가 그를 위하여 모든 것을 잃어버리고 배설물로 여김은"(빌 3:8)

사도 바울은 그리스도를 아는 지식이 가장 귀한 것이었고, 복음 전파를 위한 사명이 가장 기쁜 일이었습니다.

예수님에겐 십자가 사명이었습니다. 모든 것을 가지고 누릴 수 있는 능력이 있던 예수님에게도 우리를 구원하기 위한 십자가에서의 희생과 사랑이 더욱 귀한 가치였습니다. 그렇기 때문에 "사탄이 우리의 시선을 빼앗으려 방해할 때는 집중하십시오"라는 말이 아니라 "사탄이 우리의 시선을 빼앗으려 방해할 때는 정말 중요한 것이 무엇인지 사명을 다시 생각 하십시오"라는 말이 정답이 되어야 합니다.

우리가 리모델링을 해야 하는 이유가 무엇입니까?

그것은 내가 귀하게 여기는 가치를 다시 회복시키기 위함입니다. 가정을 리모델링하고자 노력하는 사람에게 야근으로 인한 이득보다는 가족과 함께 하는 1시간이 더욱 귀할 것입니다. 만약 말로는 가족을 더 소중히 여긴다 하면서 금전적 이득으로 인해서 고민을 한다면 그것은 말뿐인 고백으로 그치고 마는 것입니다. 우리가 리모델링을 하고자 하는 것이 무엇이든, 이와 같은 원리는 100% 적용됩니다.

느헤미야에게는 성벽을 재건하고 이스라엘 백성들의 마음을 다시 하나님께로 돌리는 것이 리모델링의 목적이었습니다. 그래서 그는 자신의 감정대로 행동하지 않았고 일을 이룰 수 있는 방향으로 온유하게 사람들을 대했습니다. 때로는 자신의 이익을 포기하면서까지 백성들을 위해 힘썼습니다. 그것은 느헤미야가 바보여서가 아니라 더 중요한 일이 무엇인지 알고 있는 현명한 사람이었기 때문입니다.

그래서 6장 5절에서 산발랏의 편지를 받았을 때 갑자기 부드러운 어투로 제의한 만남을 단호하게 거절했고, 자신의 의사를 분명하게 밝혔습니다. 일이 잘못되면 어쩌나 싶어서 전전긍긍하거나 아부하지 않고 오로지 성벽의 리모델링에만 집중했습니다.

"이기기를 다투는 자마다 모든 일에 절제하나니 그들은 썩을 승리자의 관을 얻고자 하되 우리는 썩지 아니할 것을 얻고자 하노라"(고전 9:25)

미국의 정유회사인 스탠다드 오일에서 인도네시아 진출을 계획하고 있었습니다.

회사에서는 오랜 기간 인도네시아에서 머물던 한 미국인 선교사가 적임자라 판단해 약 3천만 원 정도의 월급을 제시했습니다. 그러나 선교사는 일언지하에 거절했습니다. 회사에서는 그 선교사가 적임자라고 생각했기에 더 좋은 조건을 제시했습니다. 그러나 여전히 선교사는 거절했습니다. 그러자 회사의 관계자가 말했습니다.

"원하는 돈의 액수를 말해보십시오. 우리가 제시한 조건이 마음에 안 드는 부분이 있으십니까?"

그러자 선교사가 대답했습니다.

"돈이 문제가 아닙니다. 당신들이 제시하는 돈은 나의 분에 차고 넘칠 정도입니다. 그러나 하는 일이 충분하지 않습니다. 나는 돈을 벌기 위해 이 일을 하고 있지 않습니다."

유명한 선교사인 존 모트도 캘빈 쿨리지 대통령으로부터 일본 대사관 자리를 준다는 제안을 받은 적이 있었습니다. 그러나 그 역시 위와 비슷한 대답을 했습니다.

"대통령님, 저는 주 예수 그리스도의 대사가 되기 위하여 학생 때 하나님의 부르심을 받았습니다. 그리고 그 뒤 단 한 번도 다른 부름에 귀를 기울여 본 적이 없습니다."

느헤미야가 숱한 방해와 어려움에도 굴하지 않고 꿋꿋하게 성벽을 재건하는 일을 할 수 있었던 것도 절대로 흔들리지 않는 뚜렷한 목표가 있었기 때문입니다. 마음이 흔들리고 세상의 유혹에 시선이 흔들릴 때는 다시 한 번 리모델링의 목표를 확인하십시오. 그리고 그 목표를 통해 영광 받으실 하나님을 생각하며 선한 손의 도우심을 간구하십시오.

2. 용기

사탄의 전략은 중요한 요소마다 우리에게 두려움을 느끼게 하려는 것 입니다.

비웃음과 분열, 비방과 모략의 모든 과정을 통해서 느헤미야는 두려움을 느낄만한 분명한 요소가 있었습니다. 그렇지만 느헤미야는 두려워 하지 않았습니다.

느헤미야에게 일어난 일들이 사소한 것이었거나 그의 담력이 컸기 때문이 아니라 자신의 어려움을 고할 하나님이 계셨기 때문입니다. 느헤미야는 어려운 순간이 찾아올 때마다 흔들리지 않고 정도를 선택했습니다. 그리고 하나님께 자신의 처지와 마음을 아뢰었습니다.

"내 하나님이여 도비야와 산발랏과 여선지 노아댜와 그 남은 선지자들 곧 나를 두렵게 하고자 한 자들의 소행을 기억하옵소서 하였노라"(느 6: 14)

백성들 사이에 분열이 일어났을 때도, 또 산발랏이 편지와 모략으로 느헤미야를 공격했을 때도 느헤미야는 하나님께 기도를 했습니다.

성경에는 '두려워 말라'는 말씀이 365번이나 나온다고 이미 말했습니다.

하나님이 우리에게 말씀하시는 두려움을 이기는 방법은 두려움을 모른 채 하거나 두려움을 인정하지 말라는 말이 아닙니다.

매일 기도하고, 더욱 하나님을 의지하라는 말입니다.

그런 삶으로 리모델링이 될 때 365일 두려움 없이 용기를 내는 긍정의 리모델링을 이룰 수 있습니다.

4장 17절에서 느헤미야는 백성들과 함께 언제 쳐들어올지 모르는 적들의 공격을 대비하기 위해, 건축을 하면서도 손에 무기를 들고 있었습니다. 두려움을 물리치고 하나님이 주시는 힘을 얻기 위해서 우리가 들고 있는 무기는 바로 기도입니다.

"성을 건축하는 자와 담부하는 자는 다 각각 한 손으로 일을 하며 한 손에는 병기를 잡았는데"(느 4:17)

두려움을 이겨내는 데에는 용기가 필요합니다.

그리고 용기는 분열을 이겨내고 나눔을 실천하는 일에도 필요합니다. 느헤미야는 유다 백성들을 향해 촉발된 이스라엘의 분열을 봉합하기 위하여 자신의 많은 이득을 포기했습니다. "넌 그러면 안 돼!"라고 말하기는 정말 쉽지만 "우리 그러지 말자!"라고 말하는 건 정말 어려운 일입니다.

느헤미야는 이스라엘 백성들 사이에 일어난 대부분의 일처리를 잘잘못을 따지기 보다는 조금 더 큰 그림을 위한 양보와 이해로 풀어나갔습니다.

그리스 시대에 한 병사가 전쟁 중에 위험한 부상을 당하고도 놀라운 활약을 펼쳐 왕의 눈에 들게 되었습니다. 왕은 병사가 그대로 죽으면 큰 손실이라 생각해 급히 당대 최고의 의사였던 안티고노스를 불러 병을 치료하게 해주고, 병사와 가족에게 큰 상을 주었습니다.

안티고노스는 병세가 심하긴 하지만 충분히 고칠 수 있는 병이라고 자신했고, 정말로 병사의 부상을 완벽하게 치료해주었습니다.

왕은 크게 기뻐하며 병사에게 장군으로 승진을 시켜 다시 전쟁에 참여를 시켰습니다. 그러나 장군이 된 병사의 용맹은 이전과 같지 못했습니다. 왕은 크게 실망해 병사를 좌천시켜 도시로 돌려보냈습니다. 이 소식을 들은 안티고노스가 병사를 찾아가 물었습니다.

"지난 번 전투에서는 큰 부상을 당했으면서도 그렇게 용감하더니 지금은 몸까지 멀쩡한데 왜 그 용맹을 발휘하지 못하는가? 혹시 내 치료가 어딘가 잘못된 것인가?"

"아닙니다. 선생님의 솜씨는 완벽했습니다. 다만 그때는 기왕 죽을 몸이니까 뒤를 보지 않고 혼신을 다했지만, 이제는 몸도 건강하고 많은 부귀를 누리게 되니까 목숨에 애착이 생겨서 그렇습니다."

하나님이 주신 더 귀한 목적을 생각하면 세상에서 몸을 사리지 않는 용기를 얻게 됩니다. 그러나 세상의 것이 전부라는 생각을 하게 되면 하나님이 주신 더 귀한 목적을 위해 용기를 내지 못하게 됩니다.

집중이 사탄의 방해에도 불구하고 리모델링이라는 목표를 잃지 않게 해준다면 용기는 리모델링을 하는 과정에서 일어나는 많은 문제들을 지혜롭게 해결하고, 사탄의 전략에서 마음을 지키는 일에 도움을 줍니다.

두렵고 떨리며, 내 힘으로 해결하기 벅찬 일들이 계속해서 일어날 때는 하나님의 말씀을 믿는 긍정의 사람이 되십시오. 기도로 마음을 아뢰고 지혜를 간구하십시오. 사탄의 간계에도 흔들림과 두려움 없이 마음을 지켜나갈 힘을 얻게 될 것입니다.

3. 믿음의 전진

리모델링은 우리의 평생에 거쳐서 지속적으로 이루어져야 하는 일이지만 결코 쉽거나 편한 길이 아닙니다. 때때로 리모델링을 명하시는 하나님의 계획은 너무나 크고 높게 느껴져서 차라리 포기하는 것이 편하다고 느껴질 때가 많습니다. 일은 매우 시급한데 어쩐지 도움 되는 일은 하나도 없고 더욱 더디게 일이 진행될 때도 있습니다.

느헤미야가 성벽을 재건하는 과정을 묵상하면서 마치 나의 일처럼 느끼시는 분도 있으실 것입니다. 느헤미야가 이스라엘 백성들을 이끌면서 성벽을 리모델링하는 과정을 보면 단 하루도 평탄한 날이 없었습니다. 심지어 나중에는, 공사만 해도 지치고 힘든데 한 손에는 무기를 들어, 한 손으로만 작업을 해야 했습니다.

"성을 건축하는 자와 담부하는 자는 다 각각 한 손으로 일을 하며 한 손에는 병기를 잡았는데"(느 4:17)

공사는 아마 엄청 더디게 이루어졌을 것입니다.

여기에 더해서 아직도 대적들의 방해와 이스라엘 백성들 간의 문제가 남아있었습니다. 말로 일일이 열거하기도 어려울 정도의 수난이었습니다. 그러나 그 결과 어떠했습니까?

성벽은 결국 완공되었습니다.

"성벽 역사가 오십이 일 만인 엘룰월 이십오일에 끝나매"(느 6:15)

52일에 걸친 대장정의 공사가 결국 완공되었습니다.

그동안 정말 수많은 어려움과 일들이 있었습니다.

사람의 눈으로 보기에는 불가능해 보이는 공사였습니다. 사람이 보기에 가능했다면 이스라엘 백성들은 10년이 넘도록 성벽을 방치하지는 않았을 것입니다. 이런 상황에서 비록 한 손만 사용하는 핸디캡이 더해진다 하더라도 포기하지 않고 공사를 계속해 나갈 수 있는 끈기가 바로 믿음의 전진입니다.

하나님을 향한 믿음이 없이는 이런 상황에서 벽돌을 쌓아나갈 수 없었습니다. 또한 놓치지 말아야 할 것은 이런 어려움들로 인해서 이스라엘의 많은 부조리가 해결되었고, 분열된 민심이 하나로 뭉치게 되었다는 점입니다.

우리 죄를 해결하기 위해서 예수님의 십자가가 주어졌듯, 하나님은 우리가 사탄의 전략들을 극복하게 하시기 위해서 충분한 은혜와 능력을 무기로 주십니다. 그리고 하나님을 의지하여 이런 문제들을 해결해 나가는 가운데 우리는 이 모든 일들이 '하나님께서 하신 일'이라는 분명한 믿음을 갖게 됩니다. 이 사실을 우리뿐 아니라 우리 주변의 모든 사람들, 심지어 리모델링을 방해하던 대적들까지 알게 됩니다.

"우리의 모든 대적과 주위에 있는 이방 족속들이 이를 듣고 다 두려워하여 크게 낙담하였으니 그들이 우리 하나님께서 이 역사를 이루신 것을 앎이니라"(느 6: 16)

"성경의 영감과 권위"라는 명저를 집필한 벤자민 위필드 박사는 34년 동안 프린스턴 대학교에서 강의를 하던 유명한 신학자였습니다. 이렇게 사람들은 벤자민 박사님을 유명한 교수나 신학자, 베스트셀러 작가로만 기억을 하고 있지만 사실 그를 가장 잘 표현해주는 것은 "아내를 향한 뜨거운 사랑을 가진 남편"이라는 단어입니다.

스물다섯 살에 아내와 결혼해 독일로 신혼여행을 떠난 박사는 여행 중에 아내가 번개에 맞는 끔찍한 일을 경험하게 됩니다.

번개를 맞은 아내는 몸을 조금도 움직이지 못하는 심각한 장애를 갖게 되었습니다.

벤자민 박사는 아내가 사고를 당한 뒤로부터 아내가 세상을 떠날 때까지 39년을 간호했습니다. 이 기간 동안 2시간 이상 집을 비운 적이 거의 없었습니다.

벤자민 박사님은 자기가 39년 동안 이런 꾸준함으로 아내를 사랑하고 간병할 수 있었던 이유에 대해 이렇게 말했습니다.

"저는 로마서 8장 28절에 있는 '우리가 알거니와 하나님을 사랑하는 자 곧 그의 뜻대로 부르심을 입은 자들에게는 모든 것이

합력하여 선을 이루느니라'는 말씀을 믿습니다. 하나님께서 사랑하는 사람들에게 일어나는 모든 일은 보기에 어떠하든지 좋은 일일 수밖에 없었습니다. 제가 인내와 끈기로 39년간 아내를 간병할수 있었던 것은 그것이 하나님께서 제게 허락하신 좋은 일이었기 때문입니다."

하나님이 주신 리모델링의 목적을 수행하는 도중에 일어나는 일이라면 그것이 고난과 어려움이라 하더라도 여전히 좋은 일입니다. 포기하지 않고 믿음의 전진을 하다보면 어느새 하나님의 깊고 높은 뜻을 우리도 조금은 알게 됩니다. 어떤 어려움에도 굴하지않고 뚜벅뚜벅 한 걸음씩 믿음의 발걸음을 걸어 나가다 보면 어느새 리모델링은 완성되어 있을 것입니다.

사탄은 다양한 전략으로 우리를 낙담하게 합니다.
"할 수 있다"는 생각보다는 "할 수 없다"는 생각을 하게 만들고, 긍정적인 에너지로 리모델링을 완성시키지 못하게 다양한 전략을 사용합니다. 사탄의 전략에 빠지면 에너지를 잃게 되고, 때로는 신앙이 흔들리기도 합니다.
사탄의 전략에 빠진 사람들은 하늘을 보지 않고 땅을 바라봅니다.
말씀을 바라보지 않고 눈앞의 장애물을 바라봅니다. 이런 상황일수록 느헤미야처럼 약속의 말씀에 더욱 집중하며 '리모델링'의 목적을 기억해야 합니다.

　사탄이 주는 두려움을 극복할 용기, 그리고 더 큰 뜻을 위해서라면 나의 이익을 포기할 수 있는 더 큰 용기를 품어야 합니다. 이런 마음과 자세를 가지고 한 걸음씩 믿음의 전진을 하다보면 우리가 바라던 인생의 리모델링이 어느새 완성되어 있고, 그 과정을 통해 많은 사람들과 리모델링을 방해하던 대적들까지도 하나님이 하신 놀라운 일들을 알게 될 것입니다. 그러므로 사탄의 방해가 강해질수록 완공이 가까워졌다는 사실을 기억하고 더더욱 긍정적인 자세로 삶을 리모델링해 나가십시오.

5

진정한 예배를 드리라!

요즘 전국적으로 널리 불리는 복음성가 중에 '이런 교회 되게 하소서'라는 찬양이 있습니다.

"진정한 예배가 숨 쉬는 교회 주님이 주인 되시는 교회
믿음의 기도가 쌓이는 교회 최고의 찬양을 드리는 교회

말씀이 살아 움직이는 교회 성도의 사랑이 넘치는 교회
섬김과 헌신이 기쁨이 되어 열매 맺는 아름다운 교회

주님의 마음 닮아서 이웃을 사랑하는 교회
주님의 영광을 위해서 빛 되신 주님 전하는 교회

사랑의 불꽃이 활짝 피어나 날마다 사랑에 빠지는 교회
주께서 사랑하는 우리 교회가 이런 교회 되게 하소서"

이 노래가 전국적으로 불리는 이유는 은혜로운 가사와 멜로디와 함께 참된 교회의 모습이 회복되기를 바라는 많은 사역자와 성도들의 바람이 맞닿아 있기 때문입니다. 노래의 가사 대로만 모

든 교회들이 회복된다면 지금처럼 기독교의 위기라는 말은 존재하지 않을 것입니다. 위의 가사를 다시 한 번 살펴보면 교회에서 가장 중요한 것이 먼저 진정한 예배가 회복되는 일과 교회의 주인이 주님이 되시는 일이라는 것을 알게 됩니다.

느헤미야는 일단 급한 대로 성벽의 보수와 사회적인 부조리들을 해결하는 일을 마쳤습니다. 그러나 그는 그보다 더 급한 리모델링이 있었기에 개혁의 고삐를 늦추지 않았습니다.

"그 남은 백성과 제사장들과 레위 사람들과 문지기들과 노래하는 자들과 느디님 사람들과 및 이방 사람과 절교하고 하나님의 율법을 준행하는 모든 자와 그들의 아내와 그들의 자녀들 곧 지식과 총명이 있는 자들은 다 그들의 형제 귀족들을 따라 저주로 맹세하기를 우리가 하나님의 종 모세를 통하여 주신 하나님의 율법을 따라 우리 주 여호와의 모든 계명과 규례와 율례를 지켜 행하여 우리의 딸들을 이 땅 백성에게 주지 아니하고 우리의 아들들을 위하여 그들의 딸들을 데려오지 아니하며 혹시 이 땅 백성이 안식일에 물품이나 온갖 곡물을 가져다가 팔려고 할지라도 우리가 안식일이나 성일에는 그들에게서 사지 않겠고 일곱째 해마다 땅을 쉬게 하고 모든 빚을 탕감하리라 하였고 우리가 또 스스로 규례를 정하기를 해마다 각기 세겔의 삼분의 일을 수납하여 하나님의 전을 위하여 쓰게 하되 곧 진설병과 항상 드리는 소제와 항상 드리는 번제와 안식일과 초하루와 정한 절기에 쓸 것과 성물과 이스라엘을 위하는 속죄제와 우리 하나님의 전의 모든 일을 위하여 쓰게 하였고 또 우리 제사장들과 레위 사람들과 백성들이 제비 뽑아 각기 종족대로 해마다 정한 시기에 나무를 우리 하나님의 전에 바쳐 율법에 기록한 대로 우리 하나님 여호와의 제단에 사르게 하였고"(느 10:28-34)

느헤미야는 이스라엘 백성들과 함께 무너진 성벽을 52일 만에 재건을 했습니다.

이 일은 이스라엘 백성들에게도 굉장한 일이었지만 공사를 방해했던 원수와 대적들에게도 두려운 일이었습니다. 그들은 이스라엘 백성들이 성벽을 성공적으로 리모델링하였다는 이야기를 듣고 놀랐고 두려워했습니다.

느헤미야가 왕의 허락을 받고 이스라엘로 찾아온 계기와, 백성들과 함께 재건을 하게 된 여정을 살펴보면 이 일은 단순한 성벽의 재건이 아니었음을 알 수 있었습니다. 그것은 단지 물리적인 성벽 뿐 아니라 이스라엘 백성들의 신앙과 윤리의식과 무너진 관계의 재건이기도 했습니다. 또한 놀라운 은혜를 체험하는 과정이기도 했는데 느헤미야가 고국의 비참한 소식을 전해 듣고 하나님께 기도한 뒤로 다음과 같은 일들이 일어났기 때문입니다.

- 느헤미야는 기도로 하나님의 응답을 받고 성벽을 재건하기 위한 계획을 마음에 품게 됩니다. 또한 왕의 목전에서 소원을 말

할 기회도 얻게 되었고 한 발 더 나아가 왕의 허락, 조서, 재정적 도움, 군대의 호위까지 받게 되었습니다.

- 이스라엘 백성들은 10년이나 넘게 부서진 성벽을 그대로 두었을 정도로 무기력했습니다. 그러나 그 모든 어려움이 하나님을 떠나서 생겼다는 사실을 몰랐습니다. 느헤미야는 그들을 찾아가 다시는 수치를 당하지 말자며 힘을 주었고 그로 인해서 공사를 시작할 수 있었습니다.

- 유다지파는 열두 지파의 맏형 노릇을 하지 못하고 가장 먼저 실의에 빠졌습니다. 힘들만한 상황이었고, 그래도 될만한 다양한 원인이 있었으나 느헤미야의 지혜로 백성들은 실망감을 극복했고, 다시 공사에 집중할 수 있었습니다. 성벽과 함께 일 차로 희망의 리모델링이 이루어졌던 것 입니다.

- 다음으로 이루어진 리모델링은 장애물을 돌파하는 긍정이었습니다. 성벽이 거의 완성되어가자 사탄은 온갖 술수를 이용해서 방해공작을 펼쳤습니다. 이스라엘 백성들은 크게 동요했지만 느헤미야는 꿈쩍도 하지 않았습니다.

왜냐하면 성벽을 재건하기 위해 하나님께 기도했던 단계부터 지금까지 자기에게 임했던 은혜를 기억하고 있었기 때문입니다. 그래서 느헤미야는 하나님이 기도를 통해 주신 응답을 믿었고, 말씀을 통해 긍정의 힘을 얻었습니다. 마침내 이 긍정의 리모델링을 통해서 성벽이 완공되었습니다.

- 성벽이 완공되면서 지파들 간의 갈등, 그동안 잘못 시행되고

있었던 고리대금법과 같은 많은 부조리한 사회적 현상들이 고쳐졌습니다. 이런 일들을 주도한 느헤미야는 많은 이득을 포기해야 했지만 그는 용기를 냈고, 그로 인해서 단순히 성벽의 재건뿐 아니라 신앙적, 제도적으로도 다양한 긍정적인 리모델링이 이루어졌습니다.

느헤미야와 이스라엘 백성들이 성벽을 재건하던 52일의 여정은 비록 짧았지만 놀라운 회복이 있는 여정이었습니다. 그러나 결국 모든 리모델링이 완성된 것은 아니었습니다. 얼핏 보면 성벽도 다시 지었겠다, 백성들의 갈등도 많이 사라졌겠다, 사회적인 제도들도 고쳐졌겠다... 모든 리모델링이 완성된 것 같았지만, 아직 가장 중요한 하나님의 거룩한 전이 회복되지 않았기 때문입니다.

건망증이 매우 심한 학생이 있었습니다. 평소 수업시간에 필통이나 교과서, 혹은 준비물을 가방에 넣지 않고 학교에 와서 고생을 하던 학생은 중요한 시험을 앞두고 '이번에는 꼭 준비물을 까먹지 말아야지.'라고 다짐을 했습니다. 그래서 전날 밤 답안지를 마킹할 펜과 연필, 지우개, 자습서와 요점정리노트 등을 빠짐없이 챙겨두고 머리맡에 두었습니다. 몇 번을 챙겨 봐도 빠진 준비물은 없었습니다.

다음 날 학생은 평안한 마음으로 학교에 갔습니다. 그러나 학교에 도착해서 큰일이 났다는 사실을 알게 되었습니다. 모든 준비물이 들어있는 책가방을 깜박했던 것입니다.

이와 마찬가지로 우리 삶의 리모델링에서도 절대 빼놓아서는 안 되는 가장 중요한 부분이 있습니다. 아무리 희망을 갖고 긍정적인 생각으로 많은 업적을 이루었다고 하더라도 이 부분이 빠지면 결코 성공적인 리모델링이라고 할 수 없습니다. 그것은 바로 하나님의 거룩한 전인 교회와 그분을 높여드리는 예배를 리모델링하는 것입니다.

그리스도인의 모든 희망과 긍정은 말씀에 대한 믿음으로부터 나와야 합니다. 그리고 이 믿음으로 리모델링이 이루어진다면 당연히 그 과정에서 하나님의 전인 교회가 회복되는 과정까지 이어져야 합니다. 물론 이 리모델링은 단순히 건축과 내부구조를 말하는 것이 아니라 교회를 구성하고 있는 성도들의 삶을 이야기하는 것입니다.

잊혀진 하나님의 전

느헤미야 당시의 하나님의 성전은 성벽처럼 무너져 있지 않았습니다. 그러나 무너진 성벽보다 더욱 리모델링이 필요한 상황이었습니다. 예루살렘의 성전은 사람들의 기억에서 잊혀져 있었고, 방치되어 있었습니다. 교회의 본질이 건물이었다면 느헤미야는 하나님의 전을 회복시키려고 하지 않았을 것입니다. 건물은 온전히 있었기 때문입니다. 그러나 그 건물을 채우는 성도들이 문제였습니다.

교회가 세상의 빛과 소금의 역할을 하기 위해서는 어떻게 해야겠습니까?

그 교회를 구성하는 성도들이 빛과 소금의 역할을 해야 합니다. 그런데 교회가 예수님의 명령을 실천하지 못하고 있다면 건물이 아무리 크고 성도가 많아도 리모델링이 필요한 장소가 되는 것입니다. 느헤미야는 멀쩡히 있는 성전을 두고 다음과 같이 말했습니다.

"곧 이스라엘 자손과 레위 자손이 거제로 드린 곡식과 새 포도주와 기름을 가져다가 성소의 그릇들을 두는 골방 곧 섬기는 제사장들과 문지기들과 노래하는 자들이 있는 골방에 둘 것이라 그리하여 우리가 우리 하나님의 전을 버려두지 아니하리라"(느 10:39)

"우리가 우리 하나님의 전을 버려두지 아니하리라"는 말은 아주 중요합니다.

하나님의 전은 건물을 이루는 유형적 가치와 그 안을 채우는 성도들이라는 무형적 가치가 공존하는 곳입니다. 그러므로 우리가 교회를 다니면서도 하나님의 전을 버려두고 있는 신앙의 모습을 갖고 있지 않은지를 중요하게 생각해봐야 합니다.

느헤미야 때의 성전처럼, 멀쩡히 있지만 방치되어 있는 성전에도 리모델링이 필요하듯, 사람들이 많이 출석하는 교회에도 때로는 리모델링이 필요합니다.

그 필요를 어떻게 알 수 있을까요?

교회가 사람들에게 희망을 주는 믿음의 본을 보이는지 살펴보면 알 수 있습니다.

저는 우리 민족의 희망은 교회에 있다고 믿습니다. 좁게는 우리 지역과, 넓게는 전 세계에 희망을 주고 도움을 줄 수 있는 곳이 교회가 되어야 합니다. 예수 그리스도가 인류의 소망이고 교회는 그 소망이라면 믿는 사람들이 모여서 연합하고, 꿈꾸고, 기도하며, 실천하는 곳이기 때문입니다. 그러나 교회가 지금 믿지 않는 사람들에게 지탄 받는 모습을 보면 너무나도 가슴이 아픕니다.

대형교회도 많고 믿는 성도들도 많지만 마치 느헤미야가 말한 것처럼 '버려진 하나님의 전'이 생각나는 현실입니다. 그래서 저는 한국교회에 지금 필요한 것이 영적각성이며, 교회의 리모델링이라고 생각합니다. 믿는 성도들의 삶이 먼저 회복되어야 그 모임이 회복될 것이기 때문입니다.

다른 교회와 다른 성도들의 이야기를 할 필요는 없습니다.

다른 사람의 허물을 보고 욕하기보다는 먼저 내가 각성해야 하고, 내가 리모델링을 시작해야 합니다. 우리 교회가 말씀을 따라 살기로 결심하고, 주님의 본을 따라 세상에 거룩한 빛이 되며, 주님이 통치하시는 곳이 되어야 합니다.

'더럽혀진 하나님'의 저자이자 리버티 대학교의 부총장이며, 사회인류학 교수인 조니 무어는 현대이슬람의 생활과 문화를 연구하기 위해서 학생들과 튀니지로 탐방을 갔습니다. 학생들은 충분한 시간 동안 튀니지에서 머물며 그들의 생활 습관과 유적지, 그리고 문화를 체험하고 이해하는 시간을 가졌습니다. 탐방의 마지막 코스는 한 폐허에 들르는 것이었는데, 조니 무어 교수는 모든 학생들을 그 폐허 안으로 불러 모은 뒤 다음과 같이 말을 했습니다.

　"여러분이 들어와 있는 이 폐허는 한 때 교회였습니다. 우리는 지금 이슬람 문화를 이해하기 위해서 튀니지에 왔지만, 이 나라는 한 때 기독교 사상의 본산지였습니다. 이곳은 어거스틴의 고향이고, 초대기독교의 가장 기념비적인 교리들의 대부분이 만들어진 곳이었습니다. 3,4,5세기에 걸쳐 교회 공의회의 역할을 충실히 수행하던 곳이 바로 튀니지였습니다. 우리가 다니던 관광지에 폐허가 된 마을이 있었는데 그곳은 과거에 교회가 몰려있던 곳이었고, 침례탕과 목회자들의 사택이 있던 곳이었습니다. 지금 튀니지에는 자국민으로 이루어진 정식 기독교 단체가 하나도 없습니다. 그리고 남아있는 몇몇 성도들은 모두 비밀리에 행동하고 있습니다. 제가 여러분께 전하고자 하는 메시지는 간단합니다. 튀니지에서 기독교는 죽었습니다."

　조니 무어 교수가 말하고자 했던 것은 설령 '기독교가 절대로 망할 가능성이 없어 보이는 지역'이라 하더라도 하나님이 모든 것의 중심이라는 핵심을 놓치는 순간 '완전히 망하고, 오랫동안 사라질 수 있다' 라는 사실이었습니다.

지금 세계에서 가장 기독교가 융성한 나라인 한국의 성도들도 이 메시지를 기억해야 합니다. 많은 교회와 성도들보다도 중요한 것은 하나님을 제대로 알고 섬기는 진정한 예배입니다.

하나님을 믿고 또 예배한다는 것은 단순히 교회에 출석할 것만을 의미하지 않습니다.

미국에는 "나는 하나님을 믿습니다"라고 고백하는 사람들이 많지만 실제로 교회에 출석하는 사람의 수는 그 중 30%라고 합니다. 그중에 정말로 하나님을 예배하는 사람들의 비율은 또 얼마나 적겠습니까?

그러나 미국의 이런 상황은 한국과 더불어 그나마 나은 편입니다.

유럽에는 종교개혁 시기에 생긴 많은 교회가 있었습니다. 그러나 지금 그 교회의 대부분이 텅텅 비어있어 관광지가 되거나 술집이 되고, 이슬람교가 사서 다른 용도로 사용되고 있습니다.

유럽은 가장 먼저 기독교가 퍼진 곳이며 또 융성했던 곳입니다. 그러나 리모델링에 실패를 했기에, 교회는 많지만 대부분 버려진 상태가 되었습니다.

한국교회도 이러한 모습이 되지 않기 위해서는 교회를 하나님의 거룩한 전으로 리모델링하고자 하는 성도들의 의지가 있어야 합니다.

한국기독교목회자협의회가 발표한 '한국기독교 분석 리포트'에 따르면 기독교인구수 감소에도 불구하고 타 종교의 성도수는 점차 증가하는 것으로 나타났는데, 이를 통해 한국교회의 현주소를 알 수 있습니다. 당시 이 조사에서 목회자들은 한국 교회의 가장 큰 문제점으로 '신앙의 실천 부족'(31.0%), '지나친 양적 성장 추구'(27.6%), '목회자의 자질 부족'(14.8%), '교회의 양극화 현상'(7.6%)을 지적한 바 있습니다. 또 교회를 나가지 않는 기독교인(구원의 확신이 있는 크리스천인지는 모르겠습니다만)이 밝힌 불출석 이유로 매스컴에서 기독교의 일부 부정적인 것을 자주 부각시켜서인지 '목회자들에 대한 좋지 않은 이미지 때문에'(19.6%), '교인들이 배타적이고 이기적이어서'(17.7%), '헌금을 강조해서'(17.6%) 등이 꼽혔으며, 종교를 가질 의사는 있지만 기독교로 개종 의향이 없다고 밝힌 응답자들은 '교회가 상업적이라서'(19.5%), '믿음이 안가서'(12.2%), '자기중심적이라서'(11.3%), '맹목적 추종이 싫어서'(8.1%)를 이유로 들며 교회에 대한 거부감을 드러냈습니다. (출처:기독교연합신문)

일주일에 한 번 주일에 교회당에 가서 예배에 참석했다고 해서 교회가 건재하며 신앙생활을 하고 있는 것이 아닙니다. 말씀에 갈급한 심령으로 찾아와 진심으로 하나님을 예배하고 헌신하고자 하는 예배의 모습이 아니라면 제 아무리 교회에 오래 머물고 사역을 한다 하더라도 단순한 종교생활이나 친교생활일 뿐이지 신앙생활이 아닙니다.

느헤미야 시절에 하나님의 전이 버려져 있던 원인은 다음의 세 가지였습니다.

1. 경건의 껍데기

느헤미야 8장을 보면 에스라가 모세의 율법을 이스라엘 백성들에게 강론하는 장면이 나옵니다. 이 장면에서 이스라엘 백성들의 반응을 보면 마치 하나님의 말씀을 처음으로 듣는 것 같아 보입니다. 물론 몇몇 사람들과 레위인들은 에스라를 도와서 말씀을 백성들에게 풀이했는데, 가장 중요한 모세의 율법책을 가져와 달라고 청한 것으로 볼 때 아마 하나님의 성전에 모여 말씀을 듣고 예배하는 모습이 거의 존재하지 않았던 것 같습니다. 엄밀히 이야기하면 당시 이스라엘 백성들에게는 경건의 껍데기라고 부를만한 예배의 모습도 없었습니다.

"이스라엘 자손이 자기들의 성읍에 거주하였더니 일곱째 달에 이르러 모든 백성이 일제히 수문 앞 광장에 모여 학사 에스라에게 여호와께서 이스라엘에게 명령하신 모세의 율법책을 가져오기를 청하매"(느 8:1)

그러나 이런 상황에서 처음으로 말씀을 듣고 하나님을 예배하는 이스라엘 백성들에게 일어난 변화를 통해서 우리는 반대로 하나님을 제대로 섬기는 교회의 예배에서 어떤 모습들이 일어나야 하는지를 배울 수 있습니다.

"에스라가 모든 백성 위에 서서 그들 목전에 책을 펴니 책을 펼 때에 모든 백성이 일어서니라 에스라가 위대하신 하나님 여호와를 송축하매 모든 백성이 손을 들고 아멘 아멘 하고 응답하고 몸을 굽혀 얼굴을 땅에 대고 여호와께 경배하니라 예수아와 바니와 세레뱌와 야민과 악굽과 사브대와 호디야와 마아세야와 그리다와 아사랴와 요사밧과 하난과 블라야와 레위 사람들은 백성이 제자리에 서 있는 동안 그들에게 율법을 깨닫게 하였는데 하나님의 율법책을 낭독하고 그 뜻을 해석하여 백성에게 그 낭독하는 것을 다 깨닫게 하니 백성이 율법의 말씀을 듣고 다 우는지라 총독 느헤미야와 제사장 겸 학사 에스라와 백성을 가르치는 레위 사람들이 모든 백성에게 이르기를 오늘은 너희 하나님 여호와의 성일이니 슬퍼하지 말며 울지 말라 하고"(느 8:5-9)

느헤미야가 성벽을 재건하면서 보인 이스라엘 백성들의 행동을 생각할 때 예배 때 나온 이런 반응들은 매우 놀라운 모습이었습니다. 백성들은 말씀을 듣고 깨달았습니다. 그리고 크게 즐거워했습니다. 깨달음과 감격의 눈물, 그리고 기쁨의 순종이 이 예배에 있었습니다.

이스라엘 백성들은 자신들이 포로생활을 하게 된 이유가 무엇인지 이제서야 깨달았습니다.

8장을 넘어 9장, 10장으로 이어지는 놀라운 리모델링의 과정 중에 이스라엘 백성들이 성벽이 무너지고 포로로 잡혀온 비참한 상황이 찾아온 것이 자신들의 잘못임을 고백하고 회개하는 내용이 나옵니다.

수천 년이 지난 지금 읽어도 그 간절한 마음이 느껴지고 눈물이 흐르는 진솔한 고백입니다. 이 예배를 통해서 이스라엘 백성들은 달라졌습니다.

"그 달 스무나흘 날에 이스라엘 자손이 다 모여 금식하며 굵은 베 옷을 입고 티끌을 무릅쓰며 모든 이방 사람들과 절교하고 서서 자기의 죄와 조상들의 허물을 자복하고 이 날에 낮 사분의 일은 그 제자리에 서서 그들의 하나님 여호와의 율법책을 낭독하고 낮 사분의 일은 죄를 자복하며 그들의 하나님 여호와께 경배하는데"(느 9:1-3)

백성들은 말씀을 깨달은 뒤에 하루의 일부는 금식으로, 일부는 하나님에 대한 경배를 했습니다. 그리고 온종일 예배를 드리기도 했습니다.

느헤미야를 통해 예루살렘의 교회가 리모델링되는 장면을 읽다 보면 마음이 뜨거워지고 진심이 느껴집니다. 이 말씀을 묵상하면서 우리는 "지금 정말로 중요한 것을 놓치고 있는 것이 아닌가"라는 생각을 해봐야 합니다.

이스라엘 백성들은 출애굽 때부터 자신들을 인도해주시고 보호해주신 하나님의 능력을 잊고 살았습니다. 말씀을 믿지 않으니 하나님의 능력을 체험하지 못한 것이고, 그로 인해 하나님으로부터 점차 멀어졌습니다. 그 결과가 버려진 성전과 무너진 성벽, 그리고 뿌리 깊은 패배의식이었습니다. 그리고 이제 느헤미야의 리모델링을 통해서 성벽이 회복되고, 하나님의 성전이 회복되자 이스라엘 백성에게는 다시 하나님의 능력을 체험하고, 말씀을 깨닫고 하나님을 경배하는 신앙의 회복이 일어나기 시작했습니다.

지금 우리의 교회와 그안에서 드려지는 예배에는, 비단 경건의 모양뿐 아니라 이런 능력이 나타나고 있습니까?

"경건의 모양은 있으나 경건의 능력은 부인하니 이같은 자들에게서 네가 돌아서라"(딤후 3: 5)

느헤미야와 이스라엘 백성들에게 역사하셨던 하나님은 지금도 동일하게 살아계십니다. 하나님은 지금도 우리가 삶, 가정, 직장, 그리고 교회를 리모델링하기를 바라고 계시며 또한 능력을 주시기를 원하고 계십니다.

이처럼 살아계시는 하나님을 믿지 못하고 나와 우리 교회는 지역과 여러 곳에서 죽어있는 것과 같은 상태는 아닌지 되돌아봐야 합니다. 하나님의 임재 없이 드리는 예배와 모든 종교적 행위는 경건의 모양만 있고 능력이 없는 껍데기이기 때문입니다.

"이것이 어찌 내가 기뻐하는 금식이 되겠으며 이것이 어찌 사람이 자기의 마음을 괴롭게 하는 날이 되겠느냐 그의 머리를 갈대 같이 숙이고 굵은 베와 재를 펴는 것을 어찌 금식이라 하겠으며 여호와께 열납될 날이라 하겠느냐"(사 58:5)

2. 잘못된 주인

이스라엘 백성들이 하나님의 전을 잊고 오랜 세월을 살았던 것은 잘못된 주인을 섬겼기 때문이었습니다. 하나님의 통치권을 인정하지 않고 하나님의 계획보다 나의 생각과 뜻을 우선하는 모든 일이 바로 잘못된 주인을 섬기는 행위입니다.

느헤미야가 성벽을 재건하는 과정에서 드러난 백성들의 반응과 느헤미야의 반응을 비교해 보면 하나님을 따르는 사람의 행동과 자기 자신을 따르는 사람의 행동의 결과가 어떤지 확연히 깨달을 수 있습니다.

백성들은 자기들 눈에 보이는 대로 불만을 토로하고 일을 포기하려고 했습니다. 외부에서 어떤 방해를 받을 때마다 그들은 실족하고 두려워했습니다. 이들이 섬기고 있던 주인은 자기 자신이었습니다. 그렇기 때문에 사탄의 공격과 전략에 조금도 대응하지 못하고, 그대로 흔들렸습니다.

그러나 느헤미야는 달랐습니다.

느헤미야는 아무리 어렵고 힘든 문제가 와도 절대로 포기하지 않았고, 어려운 문제일수록 명확한 해답을 내놓으며 결국 리모델링이라는 목표를 완수했습니다. 자기 생각과 계획, 뜻보다 하나님의 말씀과 계획, 뜻을 중요하게 여겼기 때문입니다.

느헤미야에게 하나님의 말씀은 "응답하신 대로 이루는 능력"이었습니다. 그래서 아무리 강한 방해를 받아도 흔들림 없이 목표를 완수할 수 있었습니다. 이처럼 하나님이 우리 삶의 주관자이며 주인이라는 통치권이 회복되어야만, 그리고 그 통치권이 회복되는 교회여야만 모인 사람과 환경에 상관없이 하나님의 능력이 임하는 예배가 됩니다. 그 통치권이 회복되지 않는다면 아무리 교회를 열심히 나오고 사역을 열심히 한다고 하더라도 그저 친목도모와 자기위안의 수준에서 그치게 됩니다.

'피난처'(The Hiding Place)의 작가 코리텐 붐은 때때로 성도들에게 이런 질문을 던졌습니다.

"기도는 당신의 스페어타이어입니까? 아니면 당신의 핸들입니까?"

인생이라는 여정속에서 우리는 모두 선택과 결정이라는 자동차를 타고 가고 있습니다.

여기에 예수님을 운전석에 앉히는 사람이 있습니다.

예수님께 모든 결정권을 맡기고 그 뜻대로 따라가기를 바라는 사람입니다.

그런가하면 예수님을 조수석이나 보조석에 앉히는 사람이 있습니다.

예수님의 조언을 적극적으로 듣고 가끔 실천을 하나 최종 결정권은 자기에게 두는 사람입니다.

또 예수님을 뒤편의 좌석에 태우는 사람이 있습니다.

교회도 다니고 종교생활은 하지만 그저 내 인생의 구경꾼으로 예수님을 세워두는 사람입니다. 이런 사람들은 때때로 자신의 업적을 하나님의 공으로 돌리기도 하지만 그것은 하나님과 관계없이 순전히 개인의 노력으로만 쌓은 산물이며, 또 신앙을 복을 받기 위한 것으로만 생각하는 경우가 많습니다.

마지막으로 예수님을 트렁크에 넣어 스페어타이어 취급을 하는 사람이 있습니다.

이 사람들은 평소에는 신앙과 아무런 상관도 없는 삶을 살다가 자기가 필요하고 위급할 때만 예수님을 꺼내는 사람들입니다. 자 그럼, 이제는 여러분의 차례입니다. 여러분은 예수님을 어디에 모셔두고 계십니까?

이 질문에 대해 당신 마음 깊은 곳에서 생각해 보십시오. 그리고 기억하십시오. 우리에게는 보다 중요한 부르심이 있습니다. 그것은 기도를 하라는 부르심입니다.

당신은 그 부르심에 대해 응답하셨습니까?

내 삶의 통치권을 하나님께 내어드리는 것은 아주 중요합니다.

이 통치권이 회복되지 않으면, 인생의 주인이 하나님이 아니라 나라는 잘못된 생각을 가지게 되어 회개도 없고 회심도 없는 잘못된 방향으로 질주하는 인생이 됩니다.

느헤미야 10장에 나오는 이스라엘 백성들의 회개는 출애굽 시절까지 거슬러 올라갑니다. 그 오랜 세월 동안 수난을 겪으면서 그리고 오랜 기간 포로생활을 하며 바로 눈앞에서 불타고 무너진 성벽을 수십 년을 보면서도 그들은 회개할 생각을 하지 못했고, 하나님을 찾을 생각도 하지 못했습니다.

이 모든 일이 하나님을 따르지 않아서 생긴 일이 아니라 자신들의 처지와 환경에 대한 결과라고 생각했기 때문입니다. 그러므로 교회가 리모델링되기 위해서 중요한 일은 나의 삶의 통치권을 하나님께 드리는 것이며 우리 교회의 주인이 진정 예수님이 되시는 모습으로 회복되는 것입니다. 참된 예배는 형식과 설교, 친교가 아니라 하나님께 항복하는 것이며, 나의 마음과 삶을 하나님께 양도함으로 예수 그리스도를 주님으로 섬기는 것입니다.

3. 잘못된 우선순위

이스라엘 백성들이 하나님의 전을 오래 버려두었던 이유 중의 하나가 잘못된 우선순위였습니다. 이스라엘 백성들은 오랜 세월 동안 갖은 고초를 겪었습니다. 그러나 이런 상황 속에서도 마음을 하나님께 돌려 회개와 고백을 하지 않고, 오히려 자신들이 살아갈 길을 찾기 위해서 분주했습니다. 무너진 성벽을 방치했고 오히려 높은 이자로 돈을 빌려 최대한의 잇속을 챙길 뿐이었습니다.

심지어는 사람을 사고팔고 하는 일까지 하려고 했습니다. 이런 일들이 계속된다면 조금도 회복이 일어나지 않습니다. 오히려 한 민족의 삶을 더욱 피폐하게 만들뿐 입니다. 왜냐하면 우선순위가 잘못되었기 때문입니다.

'성공하는 사람들의 7가지 법칙'을 쓴 스티브 코비는 한 번의 강연으로 천문학적인 돈을 버는 인기 강사이기도 합니다.

그가 강연을 할 때 '우선순위'의 중요성을 알려주기 위해서 반드시 하는 프로그램이 하나 있습니다.

먼저 관객 중 한 명의 자원을 받아 무대 위로 부릅니다. 그리고 커다란 통을 하나 주고 앞에는 다양한 크기의 공을 가져다 놓습니다. 그 공에는 크기별로 '가족', '휴가', '승진', '높은 급여'와 같이 나름의 가치가 적혀 있습니다.

무대에 나온 사람에게 코비는 마음에 드는 것들을 넣어보라고 말합니다. 대부분 공에 적혀 있는 대로 통에 넣기 시작하는 데 몇 개 넣기도 전에 가득차고 맙니다.

코비는 다시 공을 통에서 빼낸 후에 큰 공부터 차근차근 넣어보라고 조언을 주는데, 이 조언을 따른 사람은 훨씬 더 많은 공을 통 안에 넣게 됩니다.

"한정된 시간일지라도 중요한 일부터 하면 더 많은 일들을 할 수 있다", "중요한 일부터 우선하는 인생이 더 많은 소중한 가치를 얻게 된다"는 교훈을 알려주는 프로그램입니다.

성공학의 창시자 데일 카네기도 "큰일(중요한 일)부터 먼저 하라. 작은 일(급한 일)은 알아서 해결될 것이다."라는 명언을 남겼습니다.

그런데 모든 사람들에게 가장 중요한 일이 무엇인지 아십니까?

바로 하나님을 예배하는 일입니다.

느헤미야가 예루살렘의 성벽을 재건하는 과정에서 이스라엘 백성들에게는 긍정적이고 좋은 일들이 많이 일어났습니다. 그러나 하나님의 성전을 리모델링하는 과정에서는 이와 비할 수도 없는 놀라운 권능의 은혜가 임했습니다. 세상을 살면서 육적인 것들을 무시할 수는 없지만 그렇다 해도 영적인 것들이 반드시 먼저 우선순위에 놓여 있어야 한다는 것을 이 사실을 통해 알 수 있습니다.

이스라엘 백성들에게는 이런 올바른 우선순위가 없었습니다. 그래서 그들은 수십 년의 포로 생활 동안에도 하나님의 일을 게을리 했습니다. 성벽을 재건하면서도 하나님의 일을 하려고 하지 않았습니다.

느헤미야가 성벽을 재건한 뒤에 하나님의 전을 재건하지 않았더라면 머지않아서 이스라엘의 성벽은 다시 무너져서 불타고 그들은 다시 비참한 상황에 처했을 것입니다.

우리는 먼저 하나님을 예배하는 일에 집중해야 하며, 교회들도 다시 복음을 가장 우선으로 놓는 하나님의 지성소로 회복되어야 합니다. 그 이유는 다음과 같습니다.

- 하나님을 향한 예배는 우리가 세상을 살아가는 에너지를 얻는 통로입니다.
- 하나님을 향한 예배는 우리가 하나님을 사랑한다는 표현의 방법입니다.
- 하하나님을 향한 예배는 우리의 영과 육이 회복되고 힘을 얻는 장소입니다.
- 하나님을 향한 예배는 세상이 알지 못하는 기쁨과 평안을 누리는 편안한 쉼터입니다.

하나님을 예배함으로 이와 같은 유익을 얻게 될 때 세상에 갇혀 아등바등하던 우리의 많은 문제들이 저절로 해결됩니다. 우리의 전쟁은 혈과 육이나 정치적인 것이 아니라 어두움에 속한 세상의 주관자들과 높은 곳에 있는 악의 영들과 하는 것이기 때문입니다.

"우리의 씨름은 혈과 육을 상대하는 것이 아니요 통치자들과 권세들과 이 어둠의 세상 주관자들과 하늘에 있는 악의 영들을 상대함이라"(엡 6:12)

교회를 통한 믿음의 회복

이스라엘 백성들이 오랜 세월 동안 하나님을 잊고 살았다는 것을 예배를 통해 깨닫자 심령에 놀라운 회복과 변화가 일어났습니다. 백성들은 말씀을 듣고 스스로 깨달았으며 자기들의 죄를 회개하며 하나님이 모세를 통해 전해주셨던 율법을 지키기 시작했습니다.

교회가 회복되면 교회의 구성원인 성도들의 믿음이 회복되며 변화가 일어납니다. 교회가 교회다운 역할을 할 때 이런 일들이 일어납니다.

그러므로 교회 사역자와 리더들은 이런 교회가 되도록 기도하고 연구해야 하며, 모든 성도들과 함께 화답해야 합니다.

지금 교회가 무너져가고 기독교의 위신이 떨어지고 성도들로 인해서 하나님의 이름이 모욕을 당하고 있는 것은 특정 교회와 특정 성도들의 잘못이 아니라 우리 모두의 잘못입니다. 새로운 리모델링을 통해 아름다운 화합의 하모니로 살아있는 믿음을 보여주지 못했기 때문입니다.

프랑스의 한 수의사가 말을 대상으로 흥미로운 실험을 했습니다.

수의사는 4마리의 말을 골라 한 우리에 넣어 놓았습니다. 그런데 서로 너무 격렬히 싸워서 같은 우리에 넣을 수가 없었습니다.

이렇게 사이가 안 좋아진 말들 이었기에 따로 마차를 끄는 일도 시킬 수가 없었습니다.

수의사는 말들이 머무는 우리 사이에 칸막이를 쳐놓았습니다. 그러나 칸을 사이에 두고도 말들은 서로 다투었습니다. 그러자 수의사는 칸막이 사이에 놀이 기구를 넣어주었습니다. 한 쪽의 말이 장난감을 쳐서 넘겨주면 옆쪽의 말이 다시 장난감을 쳐서 돌려주는 방식이었습니다.

그렇게 며칠이 지나자 말들은 더 이상 다투지 않았습니다. 수의사는 좌우에 있는 말뿐 아니라 떨어져 있는 말들과도 친해지도록 우리를 몇 번씩 바꾸어주자 몇 주 만에 4마리의 말들은 서로 친해져 이제는 칸막이를 제거해도 다투지 않았습니다. 네 마리의 말들은 서로 머리를 비비며 우정을 나눴고, 마차도 잘 끌고 힘든 일도 잘 수행했습니다.

지능이 낮은 짐승들도 장난감 하나로 이처럼 화합의 모습을 보여줍니다. 그런데 하나님이 창조하신 훌륭한 우리들은 예수님과 그분을 예배하는 모습을 통해 얼마나 화합하고 서로 사랑하고 있습니까? 애석하게도 교파에 따라, 성향에 따라, 이익관계에 따라, 한국의 교회는 너무나 많이 분열되어 있습니다. 연합보다 다툼의 소식이 많이 들리고 있습니다.

그러나 아직 끝은 아닙니다. 느헤미야 시절의 성전은 지금 우리의 환경보다 훨씬 더 열악했습니다. 당시 이스라엘 백성들이 성전을 회복시키고 믿음을 리모델링할 수 있었다면 지금 우리들도 할 수 있습니다. 희망과 긍정의 리모델링을 통해 포기하지 말고 더욱 노력해야 합니다.

이스라엘 백성들이 교회를 리모델링할 수 있었던 것은 다음의 세 가지 방법을 통해서였습니다.

1. 말씀의 묵상

경건의 껍데기라고 할 만한 예배의 모습조차 없던 이스라엘 백성들이 다시 교회를 회복시킬 수 있었던 것은 말씀을 묵상했기 때문이었습니다. 그들은 먼저 에스라를 통해 "말씀"을 요청했고 그 말씀에 귀를 기울였습니다.

"수문앞 광장에서 새벽부터 정오까지 남자나 여자나 알아들을 만한 모든 사람 앞에서 읽으매 뭇 백성이 그 율법책에 귀를 기울였는데"(느 8:3)

글을 아는 사람들은 한 명도 빠짐없이 광장으로 나와 말씀을 들었습니다. 그들은 단순히 말씀을 귀에 머물게 하지 않고 마음으로 받았습니다. 그리고 그 반응은 다음과 같았습니다.

"에스라가 위대하신 하나님 여호와를 송축하매 모든 백성이 손을 들고 아멘 아멘 하고 응답하고 몸을 굽혀 얼굴을 땅에 대고 여호와께 경배하니라"(느 8:6)

"백성이 율법의 말씀을 듣고 다 우는지라 총독 느헤미야와 제사장 겸 학사 에스라와 백성을 가르치는 레위 사람들이 모든 백성에게 이르기를 오늘은 너희 하나님 여호와의 성일이니 슬퍼하지 말며 울지 말라 하고"(느 8:9)

그들은 말씀을 듣고 아멘으로 화답하며 몸을 낮춰 하나님께 경배했습니다.

또한 말씀을 듣고 슬퍼하며 회개를 했습니다.

말씀에 대한 인격적 반응을 보면 크게 세 가지 ①깨닫고(7-8) ②울고(9) ③순종하고(13)입니다.

지금의 사역자 역할을 하는 레위 사람들이 이들을 위로했습니다.

정말 이상적인 예배의 모습입니다.

우리가 지난 주에 드렸던 예배를 한번 생각해 보십시오.

이런 감동과 설렘과 회심이 우리의 예배 가운데 있었습니까?

그리고 이번 주에 드릴 예배도 생각해 보십시오.

무미건조한 행위의 반복이 아닌 살아서 체험하는 예배를 드리게 될까요?

이 질문에 제대로 대답을 할 수 없다면 이제는 하나님을 다시 예배해야 합니다. 교회를 제대로 리모델링해야 합니다. 그러기 위해서는 먼저 예배를 인생의 최우선으로 놓아야 합니다.

이스라엘 백성들은 성전을 건축하면서도 예배를 드리지 않았습니다. 그 일이 너무나 바쁘고 중요하다고 생각했기 때문입니다. 성전을 건축하고 나서야 그들은 예배를 드렸습니다.

다행히 이 과정을 통해서도 고백과 회심과 헌신이라는 아름다운 예배의 결과물이 나타났지만 사실 이스라엘 백성들이 가장 먼저 신경 써야 했던 것은 하나님을 예배하는 일이었습니다.

우리의 삶에서도 이스라엘 백성들과 같은 모습이 종종 나타납니다.

생활에 치여서, 분주한 마음 때문에, 그 밖의 수많은 '당연한' 이유 때문에 종종 우리는 하나님을 예배하는 일을 우선순위에서 미뤄둘 때가 많습니다. 그러나 그럼에도 말씀을 사모하고 예배를 우선으로 놓는 믿음의 성도가 되십시오.

주일날 선포되는 말씀을 기대하는 마음으로 듣고, 성령의 임재를 기대하여, 들뜬 마음으로 감격이 살아있는 예배를 꿈꾸십시오. 교회에 모이는 성도들의 자세가 달라져야 예배가 달라지고 교회가 달라집니다.

또한 개인적인 경건생활의 중요성을 깨달아야 합니다.

모임을 통해 듣는 말씀과 연합된 신앙도 중요하지만 매일의 삶에서도 개인적인 말씀의 양식이 필요합니다. 하나님을 예배하고 그 음성을 듣는 일을 가장 우선순위에 놓고 하루의 시작을 하나님의 말씀을 묵상하는 일로 하는 것이 리모델링을 위한 가장 확실하고 중요한 방법입니다. 아울러 아래와 같은 질문을 나와 우리 교회의 입장에서 답을 해 보십시오.

- 나의 삶과 우리 교회에는 경건의 모양 뿐 아니라 능력도 있는
  가?
- 그것을 증명할 수 있는 것은 무엇인가?
- 나는 하나님의 주권이 분명한 삶을 살고 있는가?

2. 거룩한 결단

이스라엘 백성들은 하나님의 말씀을 듣고 울며 회개했습니다. 또한 기쁨으로 경배했습니다.

또 이스라엘 백성들은 단순히 거기서 그치지 않고 하나님의 말씀을 실제 행동으로 옮겼습니다.

전에는 느헤미야가 먼저 솔선수범해서 본을 보이고 권면을 해야 마지못해 따르던 백성들이 하나님의 말씀을 들은 후 거기에 나온 내용들을 스스로 지키겠다고 다짐했습니다. 그렇게 해서 나온 거룩한 결단이 '이방인과의 결혼 금지, 안식일의 엄수, 십일조'였습니다.

우리는 지금 느헤미야를 통해서 성벽의 재건을 통한 이스라엘의 여정을 따라가고 있지만 성벽재건의 중심이 느헤미야라면 성전의 재건은 에스라에 조금 더 중심이 쏠려 있습니다. 그리고 이 에스라가 성전의 재건을 위해 한 것은 바로 이스라엘 백성들을 거룩하게, '특별한 목적을 위하여 구분' 시키는 것이었습니다.

"사로잡혔다가 돌아온 이스라엘 자손과 자기 땅에 사는 이방 사람의 더러운 것으로부터 스스로를 구별한 모든 이스라엘 사람들에게 속하여 이스라엘의 하나님 여호와를 찾는 자들이 다 먹고"(스 6:21)

'거룩하다' 즉 '구별되었다'는 것은 특별한 목적을 가지고 있다는 것을 뜻합니다.

아론과 그 자손들은 제사장의 역할을 맡기 위해 성결한 삶으로 하나님께 분향되었습니다. 우리가 구원받은 것도 거룩하게 구별된 것입니다.

구원 받은 사람들은 더 이상 세상에 집중하지 않고 주님을 바라보며 살아갑니다.

황폐한 환경에 처했던 이스라엘 백성들에게는 조금이라도 더 나은 경제적 여건과 일할 수 있는 시간이 필요했습니다. 그럼에도 그들은 십일조와 안식일을 엄수하겠다는 거룩한 결단을 내렸습니다. 우리는 매주 교회에서 하나님의 말씀을 듣고 또한 아멘으로 그 말씀을 받습니다. 그러나 그로 인해서 어떤 결단을 하고, 어떤 거룩한 삶을 살고자 노력합니까?

제인 애덤스라는 사람이 병이 생겨 영국으로 요양을 떠났습니다.

집안이 워낙 부요했던 터라 부족함이 뭔지 잘 모르고 자라났던 제인은 요양 중에 런던의 빈민가의 비참한 상황을 목격하고는 큰 충격을 받게 됩니다. 게다가 그런 곳에서 봉사하는 사람들의 모습을 보고는 더욱 큰 충격을 받았습니다.

이때의 경험으로 제인은 자신이 살아왔던 삶과는 전혀 다른 삶이 있다는 것을 깨달았고, 다른 사람을 위하는 삶이 매우 고귀한 것이라는 사실을 깨달았습니다. 그리고 그 깨달음을 곧 실천으로 옮겼습니다. 요양을 마치고 미국으로 돌아온 그녀는 재산을 털어 가난한 사람들을 위한 탁아소와 가출 청소년들을 위한 숙소를 만들었습니다. 그리고 높은 문맹률을 해결하기 위해 무료로 글을 가르쳐 주는 일을 시작했습니다.

봉사에 대한 그녀의 열정은 더욱 더 뜨겁게 타올라 나중에는 백악관에 아동회를 창설하기도 했는데, 이로 인해 200만 명에 달하는 미성년노동자들이 받는 부당한 대우를 합법적으로 개선할 수 있게 되었습니다.

이런 공로를 인정받아 그녀는 노벨 평화상까지 받았습니다.

불쌍한 사람들을 보고 안타깝게 여기거나 눈물을 흘리는 사람은 많습니다. 그러나 그런 사람들을 위해 뭔가를 결심하는 사람들은 거의 없습니다. 이런 행동이 없이 그들이 흘리는 눈물과 안타까움은 정말로 껍데기뿐인 헛된 감정입니다.

이런 변화가 일어나지 않는다면 아직 변화를 받지 못한 것입니다.

왜 그리스도인은 자신의 삶을 하나님께 드리며 거룩한 결단으로 구별된 삶을 살아야 합니까?

그것이 우리를 만든 분이 하나님이심을 인정하는 것이며 구원을 통해 새로운 피조물로 거듭났다는 것을 고백하는 것이기 때문입니다.

"그런즉 누구든지 그리스도 안에 있으면 새로운 피조물이라 이전 것은 지나갔으니 보라 새 것이 되었도다"(고후 5:17)

우리는 하나님을 위해 구별된 삶을 살아야 합니다.

나를 위한 삶에서 하나님을 위한 삶으로의 변화를 위해 바로 리모델링이 필요한 것입니다. 이스라엘 백성들은 말씀을 통해서 하나님의 뜻을 깨달았고, 자신들의 잘못을 깨달았습니다. 그래서 그들은 거룩한 결단을 내렸습니다. 이와 같은 결단이 우리 삶에 자리할 때 우리의 삶도 하나님께 드려지는 아름다운 예배가 되며 우리가 속한 교회도 거룩한 변화가 일어나게 됩니다.

3. 간절한 간구

이스라엘 백성들은 안식일의 엄수와 십일조, 이방인들과의 결혼을 하지 않겠다는 결단과 함께 금식을 했습니다. 하나님께 간절함을 보여주는 겸비의 모습이 금식으로 나타난 것입니다.

우리는 백성들이 선택한 '금식'에 집중해야 하는 것이 아니라 금식을 하게 만든 이스라엘 백성들의 '간절한 간구'에 집중해야 합니다.

느헤미야의 때뿐 아니라 요시야 왕 때도 그랬으며, 요나의 때도 그랬고, 예수님의 열 두 제자들도 하나님의 응답을 구할 때는 종종 금식을 했습니다. 이는 솔로몬이 성전을 준공한 뒤에 하나님께 받은 '기도의 응답'에 대한 약속의 말씀이기도 합니다.

"내 이름으로 일컫는 내 백성이 그들의 악한 길에서 떠나 스스로 낮추고 기도하여 내 얼굴을 찾으면 내가 하늘에서 듣고 그들의 죄를 사하고 그들의 땅을 고칠지라"(대하 7:14)

이스라엘 백성들도 이러한 금식을 했는데, 에스라는 이를 통해서 기도가 응답받았다고 선포했습니다.

"그 때에 내가 아하와 강가에서 금식을 선포하고 우리 하나님 앞에서 스스로 겸비하여 우리와 우리 어린 아이와 모든 소유를 위하여 평탄한 길을 그에게 간구하였으니 이는 우리가 전에 왕에게 아뢰기를 우리 하나님의 손은 자기를 찾는 모든 자에게 선을 베푸시고 자기를 배반하는 모든 자에게는 권능과 진노를 내리신다 하였으므로 길에서 적군을 막고 우리를 도울 보병과 마병을 왕에게 구하기를 부끄러워하였음이라 그러므로 우리가 이를 위하여 금식하며 우리 하나님께 간구하였더니 그의 응낙하심을 입었느니라"(스 8:21-23)

마가복음 9장에는 제자들이 자기들이 귀신을 쫓아내지 못한 이유가 뭐냐고 묻자 예수님이 "기도 외에는 이러한 종류가 나갈 수 없느니라."라고 말씀하시는 장면이 나옵니다. 그런데 이 9장 29절의 말씀의 성서 원전을 찾아보면 시내, 바티칸, 알렉산드리아에서 나온 사본에는 기도라는 뜻의 '엔푸로슈케' 뒤에 금식이라는 뜻의 '카이 네스테이아'가 함께 붙습니다. KJV 영어 성경에도 다음과 같이 나와 있습니다.

"And he said unto them, This kind can come forth by nothing, but by prayer and fasting."

한 마디로 "'기도와 금식' 외에는 이러한 종류가 나갈 수 없느니라." 라고 나와 있습니다. 여기서 중요한 것은 '기도'냐, '기도와 금식'이냐, 원전의 어느 것이 맞느냐가 아니라 금식 기도와 같이 온 마음을 기도에 쏟는 힘이 그만큼 강력하고 응답이 있다는 것을 깨닫는 것입니다.

금식이라는 행위 자체에는 어떤 힘도 없습니다. 그러나 금식을 할 만큼 간절한 마음으로 기도하고 하나님을 찾을 때에는 놀라운 응답의 역사가 일어납니다. 모든 리모델링의 과정에 기도가 빠짐없이 필요하듯 교회의 리모델링에 있어서도 그러합니다.

이스라엘 백성들은 여러 가지 이유로 하나님을 예배하는 일을 잊고 살았습니다.

성전이 멀쩡히 존재함에도 불구하고 그들은 말씀을 찾지 않았고 신앙을 회복하려 하지 않았습니다.

느헤미야를 통해서 성벽을 재건하면서도 그들은 예배를 드리지 않았습니다. 그러나 성벽의 재건보다 성전(교회)의 재건이 훨씬 중요한 일이었습니다. 성벽이 완공되면서 일어난 역사보다 성전(교회)이 리모델링되면서 일어난 역사가 훨씬 필요하고 중요한 일이었습니다.

예수 그리스도의 보혈로 모든 죄를 용서받아 구원받은 우리들이 이스라엘 백성들과 같이 말씀을 묵상하고, 아멘으로 실천하고, 거룩한 결심과, 간절한 기도로 삶의 리모델링을 이루어갈 때 예배의 감격과 놀라운 변화가 우리 삶과 교회에 일어나게 됩니다. 그러므로 지금의 상황에 낙심하지 말고 예배와 교회를 리모델링하기 위해 스스로의 신앙과 우리의 예배를 점검하고 새롭게 결심하여, 승리 하십시오.

6

영성이 살아나게 하라!

바다에서 낚은 물고기를 바로 회로 떠서 먹으면 짠맛이 전혀 나지 않습니다.

늘 경험하는 일이기에 우리는 이런 현상이 당연하다고 생각합니다. 하지만 짠 바닷물 속에서 그 물을 먹고 사는 고기가 짠 맛이 나지 않는다는 것은 상식적으로 이해하기 쉬운 일이 아닙니다. 반면 살아있는 고기가 아니라 죽은 고기를 물에서 건져 맛을 보면 짠맛이 납니다.

살아있고 없고의 차이가 이처럼 다른 결과를 나타내는 것 입니다. 같은 소금물에 있어도 생명이 있는 물고기는 안에 있는 모든 기관이 정상적으로 작동해 바닷물의 짠맛을 내지 않지만 생명이 떠나버린 물고기는 기관이 정상적으로 작동하지 않아 바닷물을 이겨내지 못합니다.

세상 속에서 살아가는 성도들이 어떻게 세상의 영향을 받지 않고 살아갈 수 있을까요?

그것은 바로 생명이신 예수님을 믿을 때에 가능한 일입니다. 영성이 회복되어 건강한 생명력을 지닌 성도들은 어떤 세상에서 살아가든 빛과 소금의 역할을 합니다. 그러므로 참된 그리스도인으로 살아가는 삶으로 리모델링을 하기 위해서는 부활이자 생명이신 예수님을 통해 영성이 회복되어야 합니다.

　성벽을 재건하는데 성공하고 성전(교회)으로 다시 돌아와 말씀을 듣고 예배하던 이스라엘 백성들은 곧바로 반응하기 시작했습니다. 그들은 말씀을 통해 죄를 깨닫고 회개하기 시작했으며, 자신들의 잘못을 고치겠다고 하나님께 고백했습니다. 이 과정을 통해 오랜 세월 동안 하나님을 찾지 않고, 수치를 당하면서도 잘못을 고백하지 않던 이스라엘 백성들의 영성이 회복되었고, 남녀노소 모두 말씀을 고대하며 하나님께 돌아오는 놀라운 부흥이 일어났습니다.

　그러므로 오늘 말씀은 느헤미야시대의 영적 각성운동입니다.

　사람들이 한 자리에 모이고, 말씀이 선포되었으며, 그에 따른 영적 갈망이 그들에게 있었습니다. 예루살렘 성벽의 리모델링도 큰 축복이었지만 느헤미야는 무엇보다도 하나님과의 개인적 만남이 필요함을 알아, 백성들을 독려하였습니다. 이 독려로 인해 백성들에게는 세 가지 변화가 일어났습니다.

　①그들은 하나님과의 개인적인 만남의 필요를 인식하게 됩니다.

　②그들의 영을 새롭게 하기 위하여 하나님께서 그들과 함께 계심을 확인하고 싶어 합니다.

　③그들은 하나님이 누구신지를 알고 싶어 합니다.

"이스라엘 자손이 자기들의 성읍에 거주하였더니 일곱째 달에 이르러 모든 백성이 일제히 수문 앞 광장에 모여 학사 에스라에게 여호와께서 이스라엘에게 명령하신 모세의 율법책을 가져오기를 청하매 일곱째 달 초하루에 제사장 에스라가 율법책을 가지고 회중 앞 곧 남자나 여자나 알아들을 만한 모든 사람 앞에 이르러 수문 앞 광장에서 새벽부터 정오까지 남자나 여자나 알아들을 만한 모든 사람 앞에서 읽으매 뭇 백성이 그 율법책에 귀를 기울였는데 그 때에 학사 에스라가 특별히 지은 나무 강단에 서고 그의 곁 오른쪽에 선 자는 맛디댜와 스마와 아나야와 우리야와 힐기야와 마아세야요 그의 왼쪽에 선 자는 브다야와 미사엘과 말기야와 하숨과 하스밧다나와 스가랴와 므술람이라 에스라가 모든 백성 위에 서서 그들 목전에 책을 펴니 책을 펼 때에 모든 백성이 일어서니라 에스라가 위대하신 하나님 여호와를 송축하매 모든 백성이 손을 들고 아멘 아멘 하고 응답하고 몸을 굽혀 얼굴을 땅에 대고 여호와께 경배하니라"(느8:1-6)

위 말씀에 나오는 반응은 한 두 사람의 이스라엘 사람이나 성결하게 구분된 레위인들에게만 이 아니라 "모든 이스라엘 백성들"에게 나타난 모습이었습니다.

이처럼 삶이 제대로 리모델링된다면 하나님의 통치권을 인정하게 되고, 절망을 이길 희망을 갖게 되며, 말씀을 통한 긍정의 에너지를 갖게 됩니다. 그리고 이로 인해 교회가 다시 회복됩니다. 여기에 자연스럽게 개인의 영성이 회복되는 역사가 일어나며 믿지 않는 많은 사람들이 주님께 돌아오는 부흥의 물결이 찾아오게 됩니다.

창세기부터 말라기까지의 구약 전체에는 이런 리모델링의 과정이 자세히 나옵니다.

이스라엘 백성들이 하나님을 잊고 자기들이 보기 좋은 대로 행할 때에는 반드시 고난과 수치를 당했고, 이 과정에서 리모델링을 통해 다시 하나님께로 돌아오게 되었을 때는 느헤미야에 나오는 이스라엘 백성들의 이야기와 같은 회복이 있었습니다.

그리고 그 회복은 반드시 부흥으로 이어졌습니다.

그러나 이런 반복되는 리모델링의 과정은 느헤미야 전에도 있었고, 후에도 있었지만 안타깝게 구약의 마지막 권인 말라기에서 끝나고 있습니다. 말라기를 마지막으로 더 이상 선지자도 나타나지 않았고, 어떠한 말씀도, 회복도, 부흥도 없었습니다.

말라기에서 마태복음까지 이어지는 구약과 신약의 기간은 400년 정도인데, 학자들은 이 시기를 '침묵의 400년'이라고 말합니다.

그렇습니다. 우리의 삶이 제대로 리모델링이 이루어지지 않으면 부흥이 일어나지 않습니다. 부흥이 일어나지 않는다는 것은 리모델링이 제대로 이루어지지 않고 있다는 표시입니다. 이런 악순환이 반복될 때 하나님은 오랜 기간 침묵하시므로 그로인해 진리가 가려져 드러나지 않는 암흑의 시절이 찾아오게 됩니다.

영성의 회복과 부흥

저는 설교 전에 기도하는 내용이 세 가지 입니다.

첫째는, "하나님, 우리에게 들을 귀를 주십시요"이고, 둘째는, "옥토와 같은 마음을 주십시요"이며, 셋째는, 성도들이 "예! 주님 말씀하십시오. 제가 듣겠습니다"의 태도를 갖게 해 달라는 것입니다(삼상 3:9-10)

하나님의 말씀이 들려질 때. "아멘"이 터져 나오고, 마음에 축복이 되며, 영적 굶주림이 채워지게 되고, 새 힘을 얻게 됩니다. 우리식으로 표현하자면 은혜가 될 때의 반응인 것 입니다.

성경은 이스라엘 백성들의 반응을 "아멘, 아멘, 그때 그들의 손을 올려 하늘의 위대하신 하나님을 송축했다"고 말씀하고 있습니다.

느헤미야 시절에 일어났던 영성의 회복을 통한 부흥을 이해하기 위해서 잠시 신약을 살펴보도록 하겠습니다. 신약은 비록 구약과 완전히 다른 시대의 이야기지만 개인의 영성이 회복될 때 부흥이 일어난다는 하나님의 원리는 똑같이 적용됩니다.

예수님이 이 땅에 오셨을 때의 첫 열매는 열두 제자가 거의 전부었습니다.

예수님이 행하신 이적과 기사를 보고 그 분을 시시때때로 따르던 많은 사람들이 있었지만 그들은 저마다 예수님을 목적이 아닌 수단과 도구로 사용했고, 자신들의 기대가 어긋나자 모두 예수님을 떠났습니다. 그래서 예수님은 많은 사람들이 지켜보는 가운데 십자가에 달려돌아가셨습니다.

그러나 예수님의 십자가를 통해서 열두 제자가 변화되었고, 그들을 통해 세계 곳곳에 복음이 전파되기 시작했으며, 믿는 성도들이 늘어나 교회가 세워지는 부흥이 일어났습니다.

예수님이 부활 후 승천하시자 나머지 제자들은 가룟 유다를 대신해 맛디아를 사도로 세웠습니다. 그리고 예수님의 지상명령을 따라 복음을 전하기 시작했는데, 오순절 날 베드로를 통해서 첫 부흥이 일어났습니다.

"베드로가 이르되 너희가 회개하여 각각 예수 그리스도의 이름으로 세례를 받고 죄 사함을 받으라 그리하면 성령의 선물을 받으리니 이 약속은 너희와 너희 자녀와 모든 먼 데 사람 곧 주 우리 하나님이 얼마든지 부르시는 자들에게 하신 것이라 하고 또 여러 말로 확증하며 권하여 이르되 너희가 이 패역한 세대에서 구원을 받으라 하니 그 말을 받은 사람들은 세례를 받으매 이 날에 신도의 수가 삼천이나 더 하더라 그들이 사도의 가르침을 받아 서로 교제하고 떡을 떼며 오로지 기도하기를 힘쓰니라"(행 2:38-42)

열두 제자의 신앙은 예수님의 십자가와 부활을 통해서 리모델링되었습니다.

그 결과 제자들이 가는 곳마다 믿는 사람의 수가 크게 늘어나기 시작했습니다. 영성의 회복이 자연스럽게 부흥의 현장으로 이어지게 된 것입니다.

열두 제자로 시작된 이런 부흥의 바람은 로마 제국의 핍박에도 믿는 성도의 수가 더욱 급격히 증가하는 기폭제가 되었고 그 결과 콘스탄티누스 황제 때 기독교가 공인되어 복음은 더욱 세계 곳곳으로 활발히 퍼져나가게 되었습니다. 물론 이 때의 기독교 공인은 여러가지 정치적인 이유가 섞여 있었고, 사람의 욕심에 의해 종교가 권력화가 되는 부작용도 있었지만 그럼에도 전 세계 곳곳으로 복음이 퍼져나가는데 큰 역할을 했다는 사실은 인정할 수밖에 없습니다.

이 부흥의 역사는 중세 이후 종교개혁이라는 거대한 리모델링을 일으켰고 이 때 진젠도르프 백작과 같은 깨어있는 많은 신앙인들을 통해 다시 한 번 유럽 전역에 복음의 불길이 치솟았습니다.

그렇게 세월이 흘러 복음은 18세기에 영국에서 영적대각성 운동을 일으켰습니다.

이때 정말 영국인들이 죄를 회개하고 하나님께 돌아왔습니다.

이 영적대각성은 조지 휘필드, 조나단 에드워드, 요한 웨슬리라는 세 명의 영적 거장을 통해 시작되었습니다. 베드로로부터 오순

절의 부흥이 일어났던 것처럼, 하나님의 뜻을 깨달은 세 사람의 영성을 통해서 영국에 부흥의 물결이 일어났던 것입니다. 이 부흥의 물결은 미국으로 건너가 필라델피아에서의 영적부흥 운동을 일으켰고, 이 운동은 다시 미국 전역으로 퍼져갔습니다.

우리나라의 경우는 어떻습니까?

영국과 미국에서 이러한 대각성운동과 부흥이 일어나지 않았다면 언더우드와 아펜젤러를 비롯한 수많은 선교사들이 우리나라에 복음을 전하러 들어오지 못했을 것입니다. 이분들의 헌신을 통해 국내에도 길선주 목사님, 이길함 목사님 같은 분들이 나타나기 시작했고 이분들을 통해서 평양 대부흥이라는 불길이 붙기 시작했습니다. 이 불은 계속해서 1973년도 빌리 그래함 전도대회로까지 이어져 한국은 어느새 미국과 함께 세계에서 가장 기독교가 성장한 나라가 되었습니다.

이처럼 한 치의 오차도 없이 영성을 회복하는 일은 부흥과 밀접한 관계를 맺고 있습니다. 그래서 진정으로 예수님을 믿는 하나님의 자녀라면 삶의 리모델링 과정에서 나오는 영성의 회복을 빼놓을 수 없습니다. 성도들은 하나님이 주신 지상명령을 실천해야 하며 그로 말미암아 부흥의 한 축이 되어야 합니다.

"오직 성령이 너희에게 임하시면 너희가 권능을 받고 예루살렘과 온 유대와 사마리아와 땅 끝까지 이르러 내 증인이 되리라 하시니라"(행 1:8)

제가 이렇게 장황하게 시대별로 다양한 사례를 제시한 이유는 바로 지금이 그 어떤 시대보다 더욱 영성의 회복이 필요하고, 그로 인해 다시 한 번 부흥의 불길이 일어나야 하는 시대이기 때문입니다.

지금 기독교는 믿는 사람들이 보기에도 위기이며, 믿지 않는 사람들이 보기에도 위기입니다. 따라서 지금 성도들이 영적으로 각성하지 않는다면 말라기와 마태복음 사이에 존재했던 침묵의 400년과 같은 시대가 다시 찾아오게 될지도 모릅니다.

한국의 대표적인 석학 중, 기독교를 좋지 않은 시선으로 보는 어떤 지식인은 기독교에 대해 다음과 같은 말을 했습니다.

"사람들이 교회를 가지 못하게 해야 되지 않겠냐는 말에 나는 그냥 두라고 말한다. 어차피 요즘 교회에는 나이 많은 사람들만 있지 젊은 사람들은 별로 없다. 시대가 흐를수록 점점 심해질 것이다. 10년, 20년이 지나면 내가 가지 말라고 안 해도 교회에는 더 이상 지금 같은 사람들은 모이지 않을 것이다. 우리보다 한참 신학과 철학이 발전한 유럽을 보면 미래를 알 수 있다."

그는 신학대학을 졸업했는데, 그가 한 말은 한국 기독교를 염려해서 하는 말이 아니라, 비웃으면서 하는 말이었습니다. 정말 기분 나쁘지만, 이 말은 지금 우리의 교회가 처한 현실이기도 하고 큰 도전이 되기도 하는 말입니다.

다시 본문으로 돌아가 보겠습니다.

느헤미야가 이스라엘을 재건하기 위해서 예루살렘으로 떠났을 때의 상황은 지금보다 훨씬 좋지 않았습니다. 그러나 본문의 말씀을 통해 알 수 있듯이 그런 상황에서도 영성이 회복되는 일이 일어났고, 부흥이 일어났습니다. 그렇다면 지금도 느헤미야 시대와 같은 영성의 회복과 부흥이 일어날 수 있습니다.

우리는 본문의 말씀을 통해서 이스라엘 백성들의 영성이 회복되고 부흥이 일어난 세 가지 특징을 발견해 적용할 수 있습니다.

1. 말씀을 갈망하라

"이스라엘 자손이 자기들의 성읍에 거주하였더니 일곱째 달에 이르러 모든 백성이 일제히 수문 앞 광장에 모여 학사 에스라에게 여호와께서 이스라엘에게 명령하신 모세의 율법책을 가져오기를 청하매"(느 8:1)

저는 이미 앞에서 위의 말씀을 인용해 이스라엘 백성들이 하나님을 예배하는 일을 거의 하지 않았을 것이라고 말했습니다. 신앙의 중심지인 예루살렘에 말씀이 존재하지 않았기 때문입니다. 그러나 역설적으로 우리는 위의 말씀을 통해서 당시 이스라엘 백성들의 말씀에 대한 갈급함에 대해 알 수 있습니다.

이스라엘 백성들은 학사 에스라에게 말했습니다.

"하나님의 말씀을 우리에게 가져오라!"

몇 십 년 동안 한 번도 말씀을 찾지 않았던 백성들이 에스라에게 말씀을 가져와 달라고 부탁하고 있습니다. 이후 에스라가 말씀을 전할 때 보인 이스라엘 백성들의 반응을 보면 이 러한 이스라엘 백성들의 요청은 간곡한 울부짖음에 가까웠을 것입니다.

예수님은 말씀을 영의 양식으로도 표현하셨습니다.

사람이 영양실조에 걸렸을 때는 한시라도 빨리 양질의 음식물을 섭취해야 합니다. 영성의 회복을 위해서는 마치 심하게 굶어 영양실조에 걸린 사람이 음식을 찾듯이 갈급한 마음으로 말씀을 갈망해야 합니다.

"예수께서 대답하여 이르시되 기록되었으되 사람이 떡으로만 살 것이 아니요 하나님의 입으로부터 나오는 모든 말씀으로 살 것이라 하였느니라 하시니"(마 4:4)

말씀을 갈망하는 이런 모습이 우리의 신앙생활에 자리 잡고 있습니까?

혹시 영적인 영양실조에 걸려 있는 상태는 아닙니까?

스스로에게 답을 해보십시오.

제가 보기에 지금 한국교회에는 영성을 서둘러 리모델링해야 하는 성도들이 굉장히 많습니다. 물론 교회적으로도 리모델링이 이루어져야 하는 부분이 많습니다.

지금은 어디서나 말씀을 쉽게 접할 수 있고, 믿는다고 해서 박해를 받지도 않습니다.

게다가 전 세계의 유명한 목사님들의 설교를 마음만 먹으면 인터넷을 통해서 24시간 어디서나 들을 수 있는 환경에 있습니다. 그러나 우리가 접하는 말씀의 양과 질에 비해, 그것을 소중하게 여기고 또 섭취하려는 성도들은 많지 않은 것 같습니다. 영적인 갈급함이 지나쳐 영양실조에 걸리기 전에 우리는 빨리 정신을 차려야 합니다.

물질이 풍요로운 선진국에서는 '정크푸드 증후군'이라는 새로운 병이 생기고 있습니다.

이 병은 피자나 햄버거, 즉석식품 같은 음식을 과다 섭취함으로 생기는 병인데, 고칼로리로 인해 비만이 되고 당뇨병 같은 성인병에 걸리지만 반대로 영양소는 부족해 영양실조에 걸리는 증상입니다. 분명히 몸도 비대하고 음식도 많이 먹지만 정작 필요한 영양소는 섭취하지 못해서 영양실조에 걸리는 기이한 현상입니다.

지금 한국을 비롯한 많은 교회의 성도들에게 영적으로 이런 현상이 나타나고 있습니다.

자기 편한 시간에 귀에 좋은 말씀만 가려듣기 때문에 회개와 회심이 일어나지 않고 리모델링으로 이어지지 않는 것 입니다.

본질을 놓치고 예수님을 나의 인생을 위한 만능도구 정도로 생각합니다. 우리가 혹시 이런 상태에 처해 있다면 서둘러 응급처치를 해야 합니다. 영혼을 살리는 말씀에 대한 갈급함을 느껴야 합니다.

느헤미야 시대에는 백성들의 이런 갈급함이 "하나님의 말씀을 가져오라!"는 외침으로 이어졌습니다. 말씀의 갈급함은 다양한 모습으로 표현됩니다.

사무엘 시대에는 미스바에서 느헤미야 때와 같은 부흥회가 일어났습니다.

"사무엘이 이르되 온 이스라엘은 미스바로 모이라 내가 너희를 위하여 여호와께 기도하리라 하매 그들이 미스바에 모여 물을 길어 여호와 앞에 붓고 그 날 종일 금식하고 거기에서 이르되 우리가 여호와께 범죄하였나이다 하니라 사무엘이 미스바에서 이스라엘 자손을 다스리니라"(삼상 7:5-6)

이때 역시 온 이스라엘 백성들이 모여서 여호와 하나님의 이름을 부르짖었습니다.

그들이 하나님의 말씀을 갈급해한다는 것을 어떻게 알 수 있습니까?

하나님을 사모하는 모습을 어떻게 확인할 수 있습니까?

먼저는 금식입니다.

그리고 무엇보다도 하나님을 인생의 최우선 순위에 모셨습니다.

사무엘은 이스라엘 백성에게 여호와 하나님께 다시 돌아오기 위해서는 결단을 내려야한다고 말했습니다.

"사무엘이 이스라엘 온 족속에게 말하여 이르되 만일 너희가 전심으로 여호와께 돌아오려거든 이방신들과 아스다롯을 너희 중에서 제거하고 너희 마음을 여호와께로 향하여 그만을 섬기라 그리하면 너희를 블레셋 사람의 손에서 건져내시리라 이에 이스라엘 자손이 바알들과 아스다롯을 제거하고 여호와만 섬기니라"(삼상 7:3-4)

이방신들과 아스다롯을 제거하고 하나님만을 섬기는 것이 바로 그 분을 사모하는 것이며, 말씀에 갈급한 사람이 해야 하는 행동이었습니다. 당장 영양실조에 걸려 죽게 생긴 사람이 음식이 입에 맞지 않는다고 편식을 할 수는 없습니다.

우리는 선택을 해야 합니다.

여호수아 24장을 보면 세겜 지역에서 또 다른 부흥회가 열립니다. 이때도 지도자인 여호수아가 이스라엘 백성에게 하나님을 정말로 섬기고 싶다면 선택을 하라고 말합니다.

"그러므로 이제는 여호와를 경외하며 온전함과 진실함으로 그를 섬기라 너희의 조상들이 강 저쪽과 애굽에서 섬기던 신들을 치워 버리고 여호와만 섬기라 만일 여호와를 섬기는 것이 너희에게 좋지 않게 보이거든 너희 조상들이 강 저쪽에서 섬기던 신들이든지 또는 너희가 거주하는 땅에 있는 아모리 족속의 신들이든지 너희가 섬길 자를 오늘 택하라 오직 나와 내 집은 여호와를 섬기겠노라 하니"(수 24:14-15)

말씀에 갈급함을 느끼고, 영성을 회복시키고자 하는 열망이 있다면 선택을 해야 합니다. 하나님을 인생의 최우선 순위에 모시고, 방해가 되는 다른 일들을 정리해야 합니다.

느헤미야 때의 백성들은 말씀을 가져오라고 요청을 했습니다. 그리고 그 말씀이 올 때까지 광장에서 기다렸습니다.

"수문 앞 광장에서 새벽부터 정오까지 남자나 여자나 알아들을 만한 모든 사람 앞에서 읽으매 뭇 백성이 그 율법책에 귀를 기울였는데"(느 8:3)

이스라엘 백성들은 남녀노소를 불문하고 하나님의 말씀을 듣기 위해서 무려 6시간을 기다렸습니다.

다시 한 번 묻고 싶습니다.

주일 예배 시간을 하나님께 드리고, 목사님을 통해 듣는 말씀을 실천하기 위해서 얼마나 준비하고 노력하십니까?

예배시간이 조금 늦게 끝나고, 설교가 길어진다고 짜증 섞인 마음을 품은 적은 없습니까? 말씀에 갈급하고 하나님만을 섬기고자 하는 사람에게는 이런 모습이 나와서는 안 됩니다. 바울이 말씀을 전하던 두란노 서원에서 일어난 모습들이 저와 여러분들에게 있어야 합니다.

"바울이 회당에 들어가 석 달 동안 담대히 하나님 나라에 관하여 강론하며 권면하되 어떤 사람들은 마음이 굳어 순종하지 않고 무리 앞에서 이 도를 비방하거늘 바울이 그들을 떠나 제자들을 따로 세우고 두란노 서원에서 날마다 강론하니라 두 해 동안 이같이 하니 아시아에 사는 자는 유대인이나 헬라인이나 다 주의 말씀을 듣더라"(행 19:8-10)

바울은 에베소 사역의 일환으로 두란노 서원을 찾아가 말씀을 전했습니다. 그 자리에 모인 사람들에게는 말씀을 사모하는 마음이 있었습니다. 그래서 바울은 석 달을 찾아가 가르쳤고, 두란노 서원에서는 매일 강론 했습니다. 무려 이년이나 이와 같은 일이 이루어졌습니다. 일주일에 한 번 드리는 예배로 인해 매너리즘에 빠지기도 하는 우리의 모습과 대조되는 모습을, 두란노 서원에 모인 사람들의 모습과 비교해 보십시오.

그들은 때와 인종, 장소를 불문하고 하나님의 말씀을 귀 기울이며 들었습니다. 그러므로 영성을 회복하기 위해서 가장 중요한 것은 말씀을 갈급해 하는 심령입니다.

지금 우리의 시대와 나의 상태가 자칫하면 영양실조에 걸릴 상황이라는 사실을 깨닫고 우리의 예배와 매일의 경건 생활을 통해 주시는 하나님의 말씀을 듣고자 하는 귀와, 그 말씀을 잘 받을 수 있는 옥토와 같은 마음을 달라고 주님께 간구하십시오. 우상을 제하고 하나님만 바라보기로 결심한 이스라엘 백성들과 같은 결단이 우리의 삶에 임할 때 말씀의 씨앗이 백배의 결실을 맺는 훌륭한 삶으로 리모델링될 것입니다.

2. 말씀을 선포하라

"그 때에 학사 에스라가 특별히 지은 나무 강단에 서고 그의 곁 오른쪽에 선 자는 맛디댜와 스마와 아나야와 우리야와 힐기야와 마아세야요 그의 왼쪽에 선 자는 브다야와 미사엘과 말기야와 하숨과 하스밧다나와 스가랴와 므술람이라"(느 8:4)

말씀을 갈급하게 찾는 이스라엘 백성들의 요청에 따라 마침내 에스라가 강단에 섰습니다.

4절에 나온 "강단에 서고"라는 문장에서 '강단'은 원어로 살펴보면 '믹달'이라는 단어가 사용됐는데 이 단어는 '망대', '성곽' 이라는 뜻으로 에스라가 말씀을 선포하기 위해서 매우 높은 곳에 올라가 있음을 알 수 있습니다. 구약의 다른 곳에서 이 단어가 사용된 곳 역시 모두 매우 높은 곳을 지칭할 때였습니다.

"또 말하되 자, 성읍과 탑을 건설하여 그 탑 꼭대기를 하늘에 닿게 하여 우리 이름을 내고 온 지면에 흩어짐을 면하자 하였더니"(창 11:4)

"기드온이 또 브누엘 사람들에게 말하여 이르되 내가 평안히 돌아올 때에 이 망대를 헐리라 하니라"(삿 8:9)

바벨탑을 표현할 때 사용되었던 단어를 여기서 썼다는 것은 에스라가 서있는 곳이 매우 높은 곳이었다는 것을 분명히 말해 줍니다.

에스라는 왜 이렇게 높은 곳에 올라갔을까요?

모인 사람이 매우 많았기 때문입니다. 말씀을 듣기 위해 이스라엘의 거의 모든 백성들이 광장으로 나왔고 6시간이나 기다리는 열성적인 모습을 보였습니다. 백성들은 에스라가 전하는 하나님의 말씀을 한 글자도 놓치지 않으려고 노력했습니다. 그래서 그는 그토록 높은 곳에 서서 말씀을 전해야만 했습니다. 에스라가 선포하는 하나님의 말씀은 이스라엘 백성들의 마음에 은혜가 단비가 되었습니다.

하나님의 말씀의 능력이 나의 삶에 임하게 하기 위해서는 먼저 우리에게 말씀을 선포해주는 에스라와 같은 사람이 있어야 합니다. 그리고 그 선포된 말씀을 받아 다시 나의 삶에 선포하는 과정이 있어야 합니다.

아무리 좋은 음식을 받아도 내가 씹어서 삼켜야 소화가 되듯이 말씀에도 이런 과정이 있어야 합니다.

유명한 목사님의 명설교를 일주일 내내 듣는다 하더라도 그 말씀을 소화시키고 내 삶에 직접 적용이 되도록 선포하는 과정이 없다면 아무런 소용이 없습니다. 오히려 머리만 커지고 몸은 왜소해지는 기형적인 신앙이 됩니다.

반면에 매주 반복되는 같은 내용의 평범한 설교라 하더라도 그 말씀을 깨달음으로 내 삶에 선포를 하면 하나님의 능력을 체험하는 삶이 됩니다.

하나님의 말씀으로 내려오는 설교는 그 내용이 재미가 있든, 없든, 내가 듣기에 좋든, 싫든 상관없이 모두 삶을 변화시킬 능력이 있습니다.

지금 시대의 성도들에게 가장 부족한 모습 중의 하나가 바로 말씀을 나의 것으로 받고, 나의 삶에 선포하는 과정이 부족하다는 점입니다.

예를 하나 들어보겠습니다.

예수님이 하신 비유 중에 잃은 양 한 마리에 대한 이야기가 있습니다.

"너희 생각에는 어떠하냐 만일 어떤 사람이 양 백 마리가 있는데 그 중의 하나가 길을 잃었으면 그 아흔아홉 마리를 산에 두고 가서 길 잃은 양을 찾지 않겠느냐 진실로 너희에게 이르노니 만일 찾으면 길을 잃지 아니한 아흔아홉 마리보다 이것을 더 기뻐하리라 이와 같이 이 작은 자 중의 하나라도 잃는 것은 하늘에 계신 너희 아버지의 뜻이 아니니라"(마 18:12-18)

이 말씀을 듣고 어떤 기분이 드는지, 혹은 어떤 생각이 드는지 먼저 떠올려 보십시오.

이 말씀을 듣는 대부분의 성도들은 이런 생각을 합니다.

"그럼 99마리의 양은 안 중요하다는 건가?"

"1마리 때문에 99마리가 잘못되면 누구 책임이지?"

이런 생각이 먼저 든다면 성경말씀을 나에게 주시는 하나님의 말씀으로 받는 훈련을 할 필요가 있습니다. 이런 생각을 하는 이유는 대부분 내가 '99마리의 양'이라고 생각하기 때문입니다. 그렇기 때문에 "나를 버리고 한 마리의 양을 찾으러 간다고?"라는 생각이 은연중에 깔려 있습니다. 그러나 예수님의 이 비유에는 "네가 바로 1마리의 양이다", "99마리를 포기하더라도 너를 구하러 갈 만큼 나는 너를 사랑한다"라는 메시지가 담겨 있습니다.

우리는 이 비유를 통해 의구심과 안타까움을 느끼는 것이 아니라 사랑과 감동을 느껴야 합니다.

내 삶에 말씀을 선포하기 위해서는 누가 전했느냐보다 하나님의 말씀이 전해졌느냐가 중요하고, 하나님은 선포되는 그리고 선포하는 말씀을 통해 역사하시는가가 중요합니다.

말씀을 갈망하는 것만큼 말씀을 선포하는 것도 중요합니다. 하나님의 말씀이 선포될 때 하나님의 능력이 임하기 때문입니다.

하나님의 말씀을 갈급해하는 사람들은 선포된 하나님의 말씀을 사모합니다. 그 사모하는 마음으로 마음 밭에 말씀의 씨앗을 심을 때 맺게 되는 결실은 말씀에 나와 있는 하나님의 약속과 축복입니다.

에스겔에게 보여주신 환상을 통해 이 과정을 더 잘 알 수 있습니다.

"여호와께서 권능으로 내게 임재하시고 그의 영으로 나를 데리고 가서 골짜기 가운데 두셨는데 거기 뼈가 가득하더라 나를 그 뼈 사방으로 지나가게 하시기로 본즉 그 골짜기 지면에 뼈가 심히 많고 아주 말랐더라 그가 내게 이르시되 인자야 이 뼈들이 능히 살 수 있겠느냐 하시기로 내가 대답하되 주 여호와여 주께서 아시나이다 또 내게 이르시되 너는 이 모든 뼈에게 대언하여 이르기를 너희 마른 뼈들아 여호와의 말씀을 들을지어다 주 여호와께서 이 뼈들에게 이같이 말씀하시기를 내가 생기를 너희에게 들어가게 하리니 너희가 살아나리라 너희 위에 힘줄을 두고 살을 입히고 가죽으로 덮고 너희 속에 생기를 넣으리니 너희가 살아나리라 또 내가 여호와인 줄 너희가 알리라 하셨다 하라 이에 내가 명령을 따라 대언하니 대언할 때에 소리가 나고 움직이며 이 뼈, 저 뼈가 들어 맞아 뼈들이 서로 연결되더라 내가 또 보니 그 뼈에 힘줄이 생기고 살이 오르며 그 위에 가죽이 덮이나 그 속에 생기는 없더라

또 내게 이르시되 인자야 너는 생기를 향하여 대언하라 생기에게 대언하여 이르기를 주 여호와께서 이같이 말씀하시기를 생기야 사방에서부터 와서 이 죽음을 당한 자에게 불어서 살아나게 하라 하셨다 하라 이에 내가 그 명령대로 대언하였더니 생기가 그들에게 들어가매 그들이 곧 살아나서 일어나 서는데 극히 큰 군대더라"(겔 37:1-10)

마른 뼈가 살아나 생기 있게 된 것은 에스겔의 능력 때문이 아

니라 에스겔이 선포한 하나님의 말씀 때문이었습니다. 하나님의 말씀이 선포될 때 마른 뼈가 살아나는 역사가 일어납니다.

느헤미야와 에스겔에 나온 이러한 선포는 지금 우리에게도 매주, 매일 일어나고 있습니다. 예배시간마다 듣는 설교가 그 말씀입니다. 우리가 에스겔처럼 그 말씀에 의지해 우리의 삶에 선포를 하기 시작하면 마른 뼈가 살아나는 것과 같이 인생이 되살아나는 리모델링이 일어납니다.

한 때 대부분의 국가에서는 성경을 읽는 일이 금지되어 있었습니다.

지금은 그런 나라가 거의 없지만 여전히 쿠바와 북한을 비롯한 몇몇 나라에서는 성경을 반입할 수 없습니다. 예전에는 이런 공산국가들에 외국인이 들어올 때는 세관원이 이런 질문을 했다고 합니다.

"총기나 불법 약물이나 성경을 가지고 계시다면 맡겨 두었다가 돌아갈 때 찾아가시기 바랍니다. 우리나라에서 이런 물건들은 위험한 취급을 받기 때문에 소지하실 수 없습니다."

총과 불법 약물, 그리고 성경의 공통점은 무엇일까요?

바로 사람을 죽일 수도 있는 도구라는 것입니다.

그러나 성경은 다른 두 가지와 다르게 사람을 죽인 뒤에 새로운 생명을 더해 줍니다. 그렇지만 이 생명은 거저 주어지지 않습니다. 총은 방아쇠를 당기고 약물은 복용을 해야 되듯이 성경은 읽고 실천을 해야 그 말씀의 능력이 우리들의 삶에 나타납니다. 그리스도인의 삶으로 나타나는 성경말씀의 능력은 세상의 그 어떤 무기보다도 강력합니다.

우리의 삶에는 성경이 전하는 말씀의 능력이 나타나길 소망합니다.

또한 영성의 회복과 부흥은 갈급함과 선포함의 균형이 잘 맞아야 합니다.

"그러므로 나는 할 수 있는 대로 로마에 있는 너희에게도 복음 전하기를 원하노라"(롬 1:15)

바울은 로마로 달려가 복음을 전할 준비가 되어 있었습니다. 그러나 로마의 시민들이 준비가 되어있지 않았습니다. 그 결과 바울이 말씀을 전한 다른 곳과는 달리 로마에서는 바울의 때에 부흥이 일어나지 않았습니다. 느헤미야 때의 이스라엘 백성들과 같이 말씀에 갈급한 마음을 가지십시오. 그리고 말씀을 삶에 선포하십시오.

3. 말씀을 실천하라

"에스라가 모든 백성 위에 서서 그들 목전에 책을 펴니 책을 펼 때에 모든 백성이 일어서니라 에스라가 위대하신 하나님 여호와를 송축하매 모든 백성이 손을 들고 아멘 아멘 하고 응답하고 몸

을 굽혀 얼굴을 땅에 대고 여호와께 경배하니라"(느 8:5-6)

영성의 회복을 위한 마지막 비결은 말씀을 실천하는 것입니다.

말씀을 실천하는 것은 영성의 회복을 위한 마지막 단계이면서도 당연한 수순입니다.

말씀에 갈급한 사람은 말씀을 듣게 되고 들은 말씀을 자신의 삶에 선포합니다. 그리고 그 선포가 바로 말씀의 실천으로 이어집니다.

만약 말씀의 실천의 과정이 제대로 이루어지지 않았다면 앞의 두 과정에서 문제가 생긴 것이기에 다시 점검해봐야 합니다.

에스라의 말씀을 들은 이스라엘 백성들은 아멘으로 화답했고 손을 들어 위대하신 하나님을 송축했다고 본문은 증언합니다.

하나님이 주신 말씀을 들을 때에 우리 삶에는 크게 두 가지 방식으로 적용이 가능한데 먼저 적용이 되는 방법은 말씀을 듣는 도중의 즉각적인 반응입니다.

"에스라가 위대하신 하나님 여호와를 송축하매 모든 백성이 손을 들고 아멘 아멘 하고 응답하고 몸을 굽혀 얼굴을 땅에 대고 여호와께 경배하니라"(느 8:1)

이 모습은 얼핏 보면 오늘 날의 예배 모습과 비슷하게 느껴지지만 조금만 실상을 살펴보면 매우 다른 모습임을 알 수 있습니다.

"아멘"이 마치 방청객의 리액션과 같이 단합된 목소리로 정해진 때에만 나오고 또 때로는 단지 설교자의 기를 살려주기 위해

요구되기도 하는 오늘 날의 어떤 예배와는 달리 당시의 아멘, 그리고 손을 들고 절을 하는 행위는 모두 개개인의 감동에 따라 예배 중에 자연스럽게 이루어졌습니다. 또 백성들은 자신들의 죄를 깨달았을 때 그 자리에서 눈물을 보이기도 했습니다.

"백성이 율법의 말씀을 듣고 다 우는지라 총독 느헤미야와 제사장 겸 학사 에스라와 백성을 가르치는 레위 사람들이 모든 백성에게 이르기를 오늘은 너희 하나님 여호와의 성일이니 슬퍼하지 말며 울지 말라 하고"(느 8:9)

에스라에 의해 하나님의 말씀을 들은 백성들은 저마다의 감동을 따라 하나님께 반응했습니다. 지금 예배의 모습에 익숙해진 우리들에게는 약간 이상한 모습이기도 하고 많은 교회에서 받아들여지기 힘든 모습이기도 합니다. 그러나 정말로 중요한 것은 말씀에 입각해서 실천하는 것입니다.

우리의 마음에 은혜의 강물이 흘러나올 그때 "아멘"이라는 중요한 고백으로 선포하지 않는 것은 더 이상한 일이 되고 말 것입니다. "아멘"이라고 선포하고 싶으면 "아멘!"이라고 선포하고, 주님을 찬양한다고 고백하고 싶으면 "할렐루야!"로 선포하십시오. 하나님을 선포하고자 하는 마음이 들 때는 하나님을 선포하십시오.

하나님은 정형화된 형식에 의해서 높임을 받으시는 분이 아닙니다. 주님은 살아계신 분이며 예배 중에도 역동적으로 성령님을 통해 감동을 주시는 분입니다.

저는 하나님께 받은 말씀의 감동을 예배 중에 이렇게 자유롭게 표현할 수 있는 성도들이 많아졌으면 좋겠습니다. 또 그렇게 할 수 있는 분위기의 교회가 더 많아졌으면 좋겠습니다.

유교적 분위기의 거룩함이 깊숙이 자리 잡은 지금 우리의 예배에는 하나님께 기쁨과 즐거움으로 반응하는 모습이 빠져 있습니다. 그러나 하나님은 그것을 기뻐하십니다.

구약 시대에 하나님께 드리는 제사 중 요제라는 것이 있었습니다. 영어로는 'WAVE OFFERING' 즉, 몸을 흔들어 하나님께 드리는 제사입니다. 높이 들어 드리는 거제, 불로 드리는 화목제, 죄를 사해달라는 속죄제를 비롯한 대표적인 제사의 방법인데 구약에는 이 요제가 여러 군데에 많이 언급되어 있습니다.

"너는 아론의 위임식 숫양의 가슴을 가져다가 여호와 앞에 흔들어 요제를 삼으라 이것이 네 분깃 이니라"(출 29:26)

"너희의 처소에서 십분의 이 에바로 만든 떡 두 개를 가져다가 흔들지니 이는 고운 가루에 누룩을 넣어서 구운 것이요 이는 첫 요제로 여호와께 드리는 것이며"(레 23:17)

손에 어떤 물건을 들고 좌우로 또 앞뒤로 크게 흔들어 보십시오. 마침 몸이 춤을 추는 것 같이 움직일 것입니다.

이것이 바로 요제입니다.

여기서 깊게 들어가 설명할 수는 없지만 요제는 구약의 예배의 매우 중요한 제사였습니다. 레위인들은 하나님께 드리는 제사에 때로 제물 대신의 역할을 했는데 요제로도 드려졌습니다.

"레위인을 아론과 그의 아들들 앞에 세워 여호와께 요제로 드릴지니라"(민 8:13)

여호와의 언약궤를 다시 찾아온 다윗이 제사를 드릴 때 어떻게 예배를 드렸습니까?

다윗은 제사를 드리고 춤을 췄습니다. 그냥 춘 것도 아니고 힘을 다해 춤을 췄습니다.

"다윗이 여호와 앞에서 힘을 다하여 춤을 추는데 그 때에 다윗이 베 에봇을 입었더라 다윗과 온 이스라엘 족속이 즐거이 환호하며 나팔을 불고 여호와의 궤를 메어오니라"(삼하 6:14-15)

예배가 중요한 이유는 말씀을 듣기 때문입니다.

말씀이 중요한 이유는 예수 그리스도께서 십자가를 지신 이유를 알게 하기 때문입니다. 그 십자가를 통해 부활을 알게 되고, 생명의 비밀을 알게 됩니다. 그 비밀이 우리를 흥분시키고 회복시키고 영을 소생시킵니다. 그러니 제대로 된 예배에서는 하나님께 반응하지 않을 수가 없습니다. 이것이 진정한 예배입니다. 예배에는 살아계신 하나님의 말씀이 있고 그 말씀에 반응하는 성도들이 있어야 합니다.

그리고 말씀의 실천이 이루어져야 하는 또 하나의 방식은 예배가 아닌 일상에서의 삶입니다.

"행동은 말보다 소리가 크다"라는 탈무드의 격언이 있습니다. 예배를 통해 얻은 에너지로 삶에서 말씀을 실천하는 성도들의 삶은 믿지 않는 사람들에게 살아계신 하나님을 증거하는 가장 좋은 방법이 되며 또 가장 효율적인 전도방법이 됩니다.

또 말씀의 실천이 있는 삶은 내가 부활하신 주님을 믿는다는 증거가 되고, 조금씩 그 주님을 닮아가는 삶을 살기 위해 노력하고 있다는 증거가 됩니다.

종교 개혁을 일으킨 마틴 루터는 인간의 회심에는 세 가지 유형이 있다고 설명했습니다.

첫째는 마음의 회심이고, 둘째는 정신의 회심입니다. 그리고 셋째는 지갑의 회심입니다.

마음으로 죄를 고백하는 것처럼 느끼는 것은 쉽습니다. 그러나 회심을 인정하고 내가 죄인이라는 사실을 머리로 깨닫는 것은 이보다는 조금 더 어렵습니다. 그리고 정말로 나의 모든 것이 하나님께서 주신 것이라는 믿음을 행동으로 실천하는 것은 가장 어렵습니다.

그리고 마틴 루터는 세 가지 회심 중에 한 가지라도 부족한 것이 있다면 진짜 회심이 아니라고 말했습니다. 이 말은 곧 성도의 믿음과 생활이란 따로따로 떨어뜨려 놓고 생각할 수 없으며 믿는 것과 생각하는 것과 행동하는 것이 일치되는 것이 진정한 신앙생활이라는 것을 알려줍니다.

우리의 영성이 회복되고 있다면, 즉 삶의 리모델링이 잘 이루어
지고 있다면 누구나 확연히 알 수 있는 변화가 우리 삶에 일어납
니다.
- 하나님과 가까워지는 삶을 방해하는 것들을 끊는다.
- 죄에 대한 뉘우침이 있다.
- 하나님께 대한 고백이 있다.
- 하나님을 향한 헌신이 있다.

우리는 절대로 예수님처럼 완전해질 수는 없습니다.

그러나 아무리 작은 변화라도 일어나고 있다면 하나님은 바로
그 변화를 기뻐하시고, 우리의 삶을 새롭게 할 수 있는 힘을 주십
니다. 우리가 죄를 깨닫고 하나님 앞에 울며 뉘우치면서 다시는
그런 삶을 살지 않겠다고 다짐할 때 하나님은 우리를 모든 불의에
서 깨끗하게 하시고 넘치는 기쁨을 허락하십니다.

"만일 우리가 우리 죄를 자백하면 그는 미쁘시고 의로우사 우
리 죄를 사하시며 우리를 모든 불의에서 깨끗하게 하실 것이요"
(요일 1:9)

"느헤미야가 또 그들에게 이르기를 너희는 가서 살진 것을 먹고
단 것을 마시되 준비하지 못한 자에게는 나누어 주라 이 날은 우
리 주의 성일이니 근심하지 말라 여호와로 인하여 기뻐하는 것이

너희의 힘이니라 하고"(느 8:10)

매주 예배 때마다 우리는 이런 경험과 확신을 갖게 됩니다.

매주 죄를 짓고 하나님께 회개하지만, 이번 주는 저번 주보다 조금 더 나아진 모습으로 예배할 것이고, 다음 주는 더 나아진 모습으로 예배할 것입니다.

이런 우리의 모습과 마음을 하나님은 기쁘게 여기십니다. 그로 인해 한주간의 삶도 기쁘고 즐거울 수밖에 없습니다. 하나님은 우리에게 생명을 주시고 더 좋은 것으로 복을 주시길 원하십니다

"도적이 오는 것은 도적질하고 죽이고 멸망시키려는 것뿐이요 내가 온 것은 양으로 생명을 얻게 하고 더 풍성히 얻게 하려는 것이라"(요 10:10)

그러므로 이런 삶은 따로 말하지 않아도 다른 사람들에게 하나님의 살아계심을 증거하는 삶이 됩니다.

총신대학교 박용규 교수의 '평양 대부흥 이야기'란 책의 한 부분을 소개 합니다.

1907년 1월 6일부터 열렸던 평양 장대현교회의 저녁집회 열기는 날이 갈수록 더해 갔다고 합니다. 그렇게 8일째 되던 날, 그러니까 14일 저녁집회 때 말씀을 선포하던 길선주 목사님이 회중 앞에서 자신의 죄를 공개적으로 통회하는 일이 일어났습니다.

"나는 아간과 같은 자입니다. 나 때문에 하나님이 우리에게 복

을 주실 수가 없었습니다. 약 1년 전에 내 친구 중 한 사람이 임종 시에 나를 자기 집으로 불러서 말하기를 '길 장로, 나는 이제 세상을 떠날 것 같으니 내 재산을 잘 정리해 주시오. 내 아내는 셈이 약하기 때문이오.'라고 부탁했습니다. 나는 내가 잘 돌볼 테니 염려 말라고 대답했습니다. 그러나 미망인의 재산을 관리하다 나는 10만원 상당의 금액을 사취했습니다. 나는 하나님의 일을 방해해 온 것입니다. 내일 아침에 그 돈 전액을 미망인에게 돌려 드리겠습니다."

길선주 목사님의 예기치 않은 고백은 그곳에 모인 사람들의 상한 심령을 주님께로 향하게 만들기에 충분했습니다. 길선주 목사님의 회개가 있은 후 그렇게 무겁게 짓누르던 방해의 장벽은 별안간 무너져 버리고 거룩하신 하나님이 친히 임재하셨습니다.

이에 이길함 선교사님은 "기도하기를 원하면 함께 통성으로 기도하십시다"라며 통성기도를 요청했고, 그곳에 모인 이들은 간절히 기도했습니다.

길선주 목사님의 회개가 마치 뇌관에 불을 붙인 것처럼 되어 청중 가운데 성령의 강한 임재와 통회의 역사가 나타난 것입니다. 그곳에 참석한 한 선교사는 한국인들의 기도 소리가 마치 하늘 보좌를 향해 포효하는 것 같았다고 증언했습니다.

당시 참석했던 어떤 분은 "그 날 밤…… 하나님이 나를 불러 놓은 것으로만 생각되었다. 전에 경험하지 못한 죄에 대한 굉장한 두려움이 나를 엄습하였다. 어떻게 하면 이 죄를 떨어버릴 수 있고 도피할 수 있을까 나는 몹시 번민하였다. 어떤 사람은 마음이 괴로워 예배당 밖으로 뛰어나갔다. 그러나 전보다 더 극심한 근심에 쌓인 얼굴과 죽음에 떠는 영을 가지고 예배당으로 되돌아와서 '오! 하나님 나는 어떻게 했으면 좋겠습니까?' 라고 울부짖었다."

집회기간동안 선교사들이 한국인들을 무시하고 반목한 것도 회개하기 시작했습니다.

이 원리가 보이십니까?

이 원리를 통해서 영성이 회복될 때 전도가 되고 부흥이 일어납니다. 우리가 예배에서 말씀을 실천하고, 또 예배가 끝난 뒤,일상생활에서도 말씀을 실천한다면 자연스럽게 영성은 회복되고 우리의 삶이 리모델링 됩니다. 그리고 그런 성도들이 많아질수록 교회가 부흥되고 이 땅의 여러 곳에서 부흥의 불씨들이 일어나기 시작할 것입니다.

7

온전히 헌신하라!

역사상 가장 유명한 부흥사 중 한 명이었던 무디는 100만 명 이상에게 하나님의 복음을 전하는 놀라운 전도자로 쓰임 받았는데, 그는 헤네스 발렐 이라는 무명에 가까운 목사님의 설교를 듣고 하나님의 종이 되고자 하는 꿈을 가졌습니다.

"하나님은 온전히 헌신하는 사람을 사용하십니다. 지금도 온전히 하나님께 헌신하고자 결심하는 사람이 있다면 하나님께서 위대하게 사용하십니다. 돈이 많거나, 능력이 뛰어나거나, 권력을 가진 사람을 하나님이 찾으시는 것이 아닙니다. 하나님께 쓰임 받는 사람은 온전히 헌신하는 사람입니다."

불우한 환경 때문에 구두 수선공을 하면서 꿈을 갖기 힘든 상황에 처해 있던 어린 무디는 이 말씀을 통해 자신의 삶을 하나님께 온전하게 바치기로 결심을 했습니다. 그리고 그 이후의 삶은 우리가 알다시피 미국과 유럽에서 하나님께 크게 쓰임 받았고, 그로인해 21세기인 지금도 무디성경학교, 무디출판사, 무디방송국, 무디비행학교, 무디과학원, 무디영화사...등을 통해 복음이 전 세계적으로 전해지고 있습니다.

우리는 지금 느헤미야가 이스라엘 성벽을 리모델링하는 과정을 통해서 우리의 삶을 리모델링하는 방법을 배우고 있습니다. 리모델링이 필요하다는 것은 무언가 잘못된 점이 생겼다는 신호입니다. 그리고 그 잘못된 점을 하나씩 고쳐나감으로서 문제가 생긴 부분이 다시 회복되기 시작하는 것 입니다.

일반적으로 리모델링[remodeling]이라는 말은 낡고 오래된 아파트나 주택, 대형건물 등을 현대감각에 맞추고 최신 유행의 구조로 바꾸어 주는 개보수작업으로, 우리나라는 1990년대 초반부터 서울 강남의 저층아파트를 중심으로 유행하게 되었습니다. 뉴스에 나오는 경제소식들을 잘 살펴보면 리모델링만 잘 하면 새 건물보다 더 나은 심미적이고도 경제적인 효과를 거둘 수가 있다고 합니다.

그런데 이런 리모델링이 필요한 곳이 건물뿐이겠습니까?

나의 시간을... 내 직장을... 내 버릇을... 결혼생활을... 파괴된 대인관계를... 부모와 자식관계를... 교회 생활을... 특별히 내 신앙생활을 리모델링해야 합니다. 그래야 모든 관계가 정상화 될 수 있습니다.

그런데 리모델링은 개인에게만이 아니라 교회적으로나 사회적으로도 필요합니다. 요즘 흔히들 "자정능력을 상실했다"는 말들을 많이 합니다. 그 가운데는 안타깝게도 교회가 포함되어 있습니다.

①복음적 신앙이 무너지고 있습니다.

②원색적 복음이 약화되고 있습니다.

③하나님의 말씀의 무오성이 부정되고 있습니다.

④예수 그리스도를 통해서만 얻는 구원과 기적을 의심하는 '역사적 예수 연구'라든가 '종교다원론'이 자연스럽게 스며들어 오고 있습니다. 뭐 좋은 게 좋은 거야 식의 분위기로 갑니다.

다른 종교들이 가지고 있는 크기와 힘 때문에 "당신들도 천국에 가는 또 다른 길입니다" 하면서 타 종교를 인정하는 마당에 이단들을 향해서는 또 뭐라고 하겠습니까?

역사적으로 볼 때 지금 기독교는 위기입니다.

①성경의 진리가 흔들리고

②하나님의 말씀이 아니라 자신들의 경험이 우선시되고

③이성이 성경보다 우위에 서게 되고

④성경의 권위가 상실될 때 사람들은 타락의 깊은 늪에 빠졌습니다.

그렇게 되면 모든 게 끝입니다.

이런 시대야말로 하나님을 향한 리모델링이 필요합니다.

우리의 반석과도 같은 기본적인 신앙이라고 할 수 있는, 예수 그리스도가 나의 구세주와 주님이시라는 고백을 골격으로 하여, 내 삶을 바로 거기에 맞춰 살아가자는 것입니다. 그러기 위해서는 우리의 신앙생활이 리모델링 돼야하며, 그로인해 우리의 삶이 바뀌고, 사회가 바뀌게 됩니다.

그런데 이런 리모델링의 기회는 그렇게 자주 찾아오지 않습니다. 그러므로 기회가 왔을 때 확실히 잡아야 하며 끝까지 완수해야 합니다.

느헤미야를 통해 지금까지 알게 되었던 리모델링에는 다양한 영역이 있었지만 크게 보면 문제의 원인과 해결방법을 간단하게 정의할 수 있습니다.

- 문제의 근원은 하나님의 말씀에서 멀어지기 때문에 생기는 것이며, 이로 인해 삶의 여러 영역에서 문제가 생겨나기 시작합니다. '인생사용설명서'인 성경을 무시하고 잘못된 방법으로 살아가기 때문입니다.

- 이제 리모델링이 필요한 시기입니다. 만약 리모델링의 필요성을 느끼지 못하고 방치한다면 나중에 더 오랜 시간 공을 들여 리모델링을 해야 합니다. 그러나 잘못된 길을 되돌아 갈 수 있는 방법은 돌아가는 것밖에 없듯이 이 경우에도 리모델링 밖에 없습니다.

- 말씀을 따라 리모델링을 하기 시작하십시오. 그 과정에서 인생의 많은 문제들이 해결되고, 왜 이런 문제가 생겼는지를 알게 됩니다. 그 과정을 통해서 다시 하나님과의 관계가 회복됩니다.

그리고 이제 마지막 단계가 바로 이번 장에서 다룰 헌신입니다. 리모델링의 목적은 '더 행복한 인생'이나 '더 성공한 인생'이 아닌 '다시 하나님께 돌아가는 인생'입니다. 그리고 강력한 리모 델링의 수단인 말씀과 기도는 반드시 하나님을 향한 강력한 말씀의 실천이자 사랑의 고백인 헌신으로 이어지게 됩니다. 느헤미야를 통해 마침내 모든 리모델링을 마친 이스라엘 백성들에게는 이런 헌신이 있었습니다.

"우리가 또 스스로 규례를 정하기를 해마다 각기 세겔의 삼분의 일을 수납하여 하나님의 전을 위하여 쓰게 하되 곧 진설병과 항상 드리는 소제와 항상 드리는 번제와 안식일과 초하루와 정한 절기에 쓸 것과 성물과 이스라엘을 위하는 속죄제와 우리 하나님의 전의 모든 일을 위하여 쓰게 하였고 또 우리 제사장들과 레위 사람들과 백성들이 제비 뽑아 각기 종족대로 해마다 정한 시기에 나무를 우리 하나님의 전에 바쳐 율법에 기록한 대로 우리 하나님 여호와의 제단에 사르게 하였고 해마다 우리 토지 소산의 맏물과 각종 과목의 첫 열매를 여호와의 전에 드리기로 하였고 또 우리의 맏아들들과 가축의 처음 난 것과 소와 양의 처음 난 것을 율법에 기록된 대로 우리 하나님의 전으로 가져다가 우리 하나님의 전에서 섬기는 제사장들에게 주고 또 처음 익은 밀의 가루와 거제물과 각종 과목의 열매와 새 포도주와 기름을 제사장들에게로 가져다가 우리 하나님의 전의 여러 방에 두고 또 우리 산물의 십일조를 레위 사람들에게 주리라 하였나니 이 레위 사람들은 우리의 모든 성읍에서 산물의 십일조를 받는 자임이며 레위 사람들이 십일조를 받을 때에는 아론의 자손 제사장 한 사람이 함께 있을 것이요 레위 사람들은 그 십일조의 십분의 일을 가져다가 우리 하나님의 전 곳간의 여러 방에 두되 곧 이스라엘 자손과 레위 자손이 거제로 드린 곡식과 새 포도주와 기름을 가져다가 성소의 그 릇들을 두는 골방 곧 섬기는 제사장들과 문지기들과 노래하는 자들이 있는 골방에 둘 것이라 그리하여 우리가 우리 하나님의 전을 버려두지 아니하리라"(느 10:32-39)

이스라엘 백성들은 지금까지 자기들이 당했던 고난과 수치가 하나님을 떠났고 그 말씀을 무시했기 때문에 생긴 일이라는 것을 깨달았습니다.

처음 성벽을 재건하는 일을 할 때만 해도 이 사실을 모르고 있었지만 리모델링의 과정이 진행될수록 이런 사실들을 깨닫게 되었습니다.

이스라엘 백성들은 무려 70년 동안이나 하나님의 말씀을 듣지 않았습니다. 그러나 느헤미야와 함께 완벽히 리모델링에 성공할 수 있었습니다.

만약 우리 인생의 짐과 수고가 너무 벅차서 리모델링이 도저히 불가능할 것같이 생각된다 하더라도 '이스라엘 백성들의 70년'을 기억하며 충분히 리모델링될 수 있다는 사실을 기억하십시오. 인생의 많은 부분이 어긋나 있는 사람일수록 더더욱 리모델링이 필요한 사람입니다.

느헤미야 10장은 이런 과정을 거친 이스라엘 백성들이 자발적으로 헌신을 하는 과정을 나타내고 있습니다. 하나님의 말씀을 들었던 당시 이스라엘의 '지식'과 '총명'이 있는 사람들은 하나님이 모세를 통해 주신 율법들을 지난 70여 년의 세월과는 달리, 이제는 지키겠다고 말하며 , 또한 어떻게 지킬 것인지에 대해서 분명히 언급하고 있습니다.

하나님을 떠나 이방신을 섬기고 말씀을 잃어버린 잘못을 저지른 백성들은 느헤미야를 통해 리모델링을 하게 됐고, 그 결과 다시 하나님께 돌아오게 되었습니다. 그 리모델링이 일어난 영역과 과정들을 지난 6장의 여정을 통해 확인했습니다. 이제는 그 결실이 말씀의 실천이라는 다양한 헌신으로 나타나게 된 것입니다.

이제 우리는 리모델링의 완성 단계에서 어떤 종류의 헌신이 나타나야 하는지, 그리고 그 결과는 무엇인지에 대해서 구체적으로 알아보도록 하겠습니다.

헌신의 종류

'헌신'이라는 단어의 뜻은 "몸과 마음을 바쳐 있는 힘을 다함"이라는 의미 입니다.

느헤미야 시대에 이스라엘 백성들이 헌신하기로 한 것은 하나님이 모세를 통해 주신 율법이었습니다. 이것은 토지와 관련된 것, 안식일과 번제, 땅의 소산과 관련된 매우 복잡한 율법이었습니다.

"다 그들의 형제 귀족들을 따라 저주로 맹세하기를 우리가 하나님의 종 모세를 통하여 주신 하나님의 율법을 따라 우리 주 여호와의 모든 계명과 규례와 율례를 지켜 행하여"(느 10:29)

이 당시 이스라엘 백성들이 하던 모습 그대로 우리가 헌신을 할수는 없습니다. 시대적 상황이 다르고, 적용범위가 다르기 때문입니다. 또한 무턱대고 이런 법들을 지킨다고 해서 하나님이 기뻐하시는 것도 아닙니다.

신약에서 바리새인들이 지키던 율법과 규례는 600여 가지가 넘었습니다. 바리새인들은 이 모든 것들을 철저히 지켰고, 심지어 마당의 텃밭에 심은 채소에 대해서도 십일조를 지켰습니다. 그들은 이토록 철저히 하나님을 위해 헌신했지만 예수님은 이들을 '회칠한 무덤'이라고 강도 높게 비판하셨습니다. 이는 겉으로 보이는 헌신의 모습이 전부가 아니라는 것을 알려주는 대목입니다. 그래서 우리는 헌신의 동기와 그 당시 하나님이 모세에게 주신 율법의 의미와 함께 신약에서 예수님이 우리에게 주신 헌신의 의미에 대해 제대로 알고 있어야 합니다.

"하나님께 헌신한다"라는 말은 "하나님께 몸과 마음을 바쳐 있는 힘을 다한다"라는 뜻입니다.

우리가 하나님께 몸과 마음을 바쳐 열심히 헌신해야 하는 이유는 무엇일까요?

인생의 어려움을 해결하기 위해서?

믿음이 좋다고 인정받기 위해서?

그것이 복을 받는 비결이기 때문에?

물론 하나님께 온전히 헌신하는 사람은 인생의 어려움이 해결되는 은혜를 체험하고, 주위 사람들에게 인정받으며 때로 넘치는 축복을 받기도 합니다. 그러나 그것은 헌신으로 나타나는 결과이지 목적이 아닙니다.

우리가 하나님께 헌신해야 하는 유일한 목적은 바로 "날 구원하신 하나님께 대한 감사와 사랑"을 표현하기 위해서입니다. 바리새인들이 예수님께 책망을 받은 것은 이 목적이 잘못되었기 때문이었습니다. 그러므로 먼저 이 목적을 바로 세워야 합니다.

물론 리모델링의 과정을 지금까지 잘 따라왔다면 당연히 이 목적은 바로 세워져 있을 것입니다.

느헤미야 10장에 나타났던 이스라엘 백성들의 헌신의 모습들은 매우 다양하고 복잡했습니다. 이 헌신의 모습들을 현대인들에게 적용가능하게 조금 현실적으로 분류를 하면 다음의 네 가지로 나눌 수가 있습니다.

1. 나의 일상

예전의 경우 일반 성인들의 집중 가능한 시간은 40분에서 1시간 정도로 알려졌습니다. 그러나 짧은 기사와 SNS의 활용, 스마트폰의 과도한 사용 등으로 이 집중 시간은 점점 짧아졌고, 최근에는 성인의 경우에도 최대한으로 집중할 수 있는 시간이 3분이라는 충격적인 연구결과도 있습니다. 그래서 3분 안에 소통을 해야한다는 주제의 책들도 나와 있는데, 인상적인 것은 3분도 잘 준비만 한다면 충분한 효과를 거두기에 충분한 시간이라는 점입니다.

또 일본의 유명작가 모치즈키 도시타카에 따르면 사람의 습관을 바꾸는 데는 하루에 3분을 투자함으로 충분하다고 합니다. 많은 사람들이 습관을 바꾸지 못해서 '작심삼일'을 거듭하는 것은 매일 밤 자기 전의 3분을 제대로 활용하지 못하는 것이 이유라는 것입니다.

이 이야기들을 바꿔 생각하면 사람들은 다른 사람들과 소통을하는 습관을 바꾸기 위해서 하루에 3분도 투자하지 못하고 있다는 이야기가 됩니다.

이제 '소통과 습관을 바꾸는 일'을 '주님을 만나는 일'이라고 생각하고 '최소 3분의 시간 투자'를 '하나님과의 교제를 위한 헌신'으로 바꿔서 생각해봅시다. 그러면 우리가 얼마나 하나님과의 교제를 소홀히 하는지, 또 얼마나 말로만 고백하는 신앙인지 다시 돌아보게 됩니다.

하나님께 헌신하고자 하는 가장 기본 축이 되는 것이 바로 우리의 일상입니다. 이 일상은 우리가 살아가는 하루, 즉 24시간을 뜻합니다.

어제 하루의 삶을 돌이켜 보십시오. 주일이나 교회에 가지 않았던 날에 얼마나 주님을 위해 시간을 사용했는지 생각해보십시오.

나의 일상을 하나님께 헌신하는 일은 거창하고 어려운 일이 아닙니다. 매일 주님을 묵상하기 위해서 아침이나 저녁마다 드리는 Q.T.와 기도하는 시간도 하나님을 향한 귀한 헌신입니다. 이렇게 나의 삶의 작은 부분이라도 먼저 하나님께 헌신을 할 때 리모델링의 효과가 오래 가며 말씀의 정도를 벗어나지 않게 해주는 데 큰 도움이 됩니다. 이 시간은 주님께 더욱 많이 드릴수록 좋지만 너무 욕심은 내지 말고 일정한 시간에 간단한 경건생활을 먼저 시작함으로 충분한 습관을 들이는 것이 좋습니다.

2. 교회 내의 봉사

'백화점 왕' 존 워너메이커는 대통령으로부터 장관직을 제의받은 적이 있었는데, 그는 다음과 같은 이유로 거절을 했습니다.

"저는 교회학교 교사라는 일을 무엇보다 소중하게 생각합니다. 장관직에 오른다고 이 일을 못하게 된다면 저에게 정말 큰 손해이니 사양하겠습니다."

워너메이커의 뛰어난 경영능력이 필요했던 대통령은 결국 어떤 상황에서든 주말에는 교회에 가서 주일학교 교사를 할 수 있게 해주겠다고 약속을 했습니다. 나중에 이 일이 기자들에게도 알려졌는데, 기자들이 장관직이 그깟 교회선생님보다 못한 직책이냐며 공격을 하자 그는 대답했습니다.

"교회학교 교사직은 내가 평생 동안 해야 할 본업입니다. 직업보다도 소중하지요. 그러나 장관직은 한두 해 하다가 말 부업이니 더 소중히 할 수밖에 없지 않겠습니까?"

성경을 중국어로 번역한 로버트 스미슨 목사님을 회심시킨 것은 스코틀랜드의 시골교회 여선생님이었습니다. 한 영혼을 위해 몇 년간을 노력한 이 선생님이 없었다면 중국을 향한 선교는 최소 몇 십 년은 뒤쳐졌을 것입니다.

이 이야기와 같이 교회의 교사가 아니더라도 교회에는 많은 성도들의 헌신이 필요한 자리들이 있습니다. 바쁜 세상을 살면서 교회 일에도 헌신을 하는 것은 매우 힘든 일이고 때로는 모른 체 하고 싶은 일이지만 그만큼 보람 있고 가치 있는 백배의 결실을 맺는 일이기도 합니다.

모든 교회는 성도들의 헌신과 봉사로 돌아갑니다.

큰 교회는 큰 교회대로, 작은 교회는 작은 교회대로 성도들의 많은 헌신이 필요합니다.

한국의 성도들은 대부분 교회 내의 봉사를 매우 귀한 일로 여깁니다. 그러나 때로는 그 강도가 너무 강해서 많은 부작용이 나타나기도 합니다. 봉사를 해야 하는 직분을 명예나 권력과 동일시하기도 합니다. 지나친 교회 내의 사역에 지쳐있는 사람들의 이야기나 직분으로 인해 시험에 든 성도들의 이야기, '청년 머슴'이라는 신조어 등이 생기게 된 원인도 바로 이러한 부작용의 일환입니다. 그러나 분명히 알아야 할 것은 교회 내에서의 봉사는 주님의 몸된 교회를 위한 거룩한 헌신이며, 미래를 위한 값진 투자라는 사실입니다. 우리가 필요하다고 생각되는 부서에서 하나님의 인도를 따라 즐겁게 헌신할 수 있을 만큼의 교회 내의 봉사는 반드시 필요합니다. 나의 삶을 하나님께 헌신하듯이 우리교회를 위해서도 하나님께 헌신해야 합니다.

3. 교회 밖의 봉사

영국에는 '무신론자들을 위한 교회'라는 것이 생겼습니다.

기독교라는 종교의 장점은 가져오되 신앙적인 영역은 철저히 배제하자는 아이디어에서 나온 이 모임은 설교 대신 명사들의 강연, 교제와 성경공부 대신 토론과 친목도모 형식으로 운영되고 있습니다. 반기독교적인 성향의 무신론자들의 모습을 넘어서 이제 연합의 형태까지 갖춰 나름대로의 조직이 꾸려지고 있습니다.

이와 더불어 국내에도 많은 '무신론자 봉사단체'들이 생기고 있습니다. 여전히 종교봉사 단체에 비해서 빈도도 낮고 활약도 적지만 그럼에도 불구하고 이들은 자신들의 활동이 더 우월하다는 주장을 합니다. 종교들은 전도나 포교를 목적으로 봉사를 하지만, 자신들은 아무런 목적이 없이 순수하게 봉사를 위한 봉사를 하고 있기 때문이며, 자신들의 활동은 점점 활발해지며 성장하고 있지만 기독교와 같은 종교 단체의 활동은 점점 축소되며 줄어들고 있기 때문이라는 것 입니다.

예수님은 "네 이웃을 네 자신 같이 사랑하라"라는 말씀이 율법의 가장 중요한 계명이라고 말씀하셨습니다. 그러나 요즘 성도들은 하나님께 헌신하고 자신을 위해 투자하는 것에 너무 집중한 나머지 교회 밖의 헌신에 대해서는 매우 인색한 경향을 보이고 있습니다.

방금 이야기처럼 무신론자들도 나름의 기준과 철학을 가지고 봉사를 열심히 하는 사람들이 점점 늘어나고 있습니다. 이런 사람들은 종교인들의 봉사는 '목적이 있는 봉사'라며 폄훼합니다. 이말은 어느 정도는 맞습니다. 우리는 분명히 하나님께서 말씀하셨기에 다른 사람들을 위해 헌신하는 것입니다. 그리고 헌신해야 합니다. 이처럼 너무나 분명한 말씀과 명령이 있기에 우리는 신분을 철저히 밝히며 믿지 않는 사람들보다도 더욱 열심을 가지고 세상사람들을 섬겨야 합니다. 이것이 우리가 세상에 나가서 해야 할 일이며 예수님이 말씀하신 '빛과 소금'이 되는 방법입니다.

4. 물질

'1분이 만드는 백만장자'라는 책은 기독교와는 아무런 관련이 없는 저자들이 공동 집필을 한 책입니다.

그런데 이 책을 보면 백만장자가 되는 원칙 중에 "십일조를 드릴 것"이라는 내용이 나옵니다. '교회도 다니지 않는 사람이 무슨 십일조인가?'라는 생각이 들었는데, 헌금의 형식 대신 남들은 돕는 기부의 형태로 내는 십일조였습니다.

이들은 십일조를 해야 하는 이유에 대해서 고대 바빌로니아의 문서와 여러 성공한 사람들의 증언을 토대로 설명을 하고 있으며 이렇게 십일조를 해야 한다고 강조하는 이유는 더 많은 돈을 벌기 위해서였습니다.

이밖에도 많은 자기 계발서들이 '베풂의 법칙', 'Law of Giving'이라는 이름으로 십일조와 비슷한 형식의 나눔을 권장하고 있습니다. 단지 복을 더 받기 위해서 말입니다.

그러나 분명히 십일조에 대한 말씀이 나와 있는 성경을 믿는 성도들에게선 오히려 이런 모습들이 많이 사라지고 있습니다. 남을 돕고 베푸는 것은 옳은 일이고 반드시 해야 하는 일입니다. 하지만 예수님이 말씀하신 첫째 계명은 "네 이웃을 네 몸과 같이 사랑하라"가 아닌 "목숨과 마음을 다하여 하나님을 사랑하라"라는 것임을 성도들은 잊지 말아야 합니다. 하나님께 드리는 물질은 단순히 교회의 운영을 위해서, 또는 복을 받기 위해서가 아니라, 물질보다 하나님을 더욱 섬기고 있다는 의미입니다.

요즘 사회적 분위기에서 물질에 대한 헌신, 특히 십일조에 대한 이야기는 꺼내기가 매우 부담스럽습니다. 믿지 않는 사람들 뿐 아니라 성도들 사이에서도 회의적인 이야기들이 많이 나오고 있기 때문입니다. 그러나 분명한 사실은 물질로 하나님께 헌신하는 일은 하나님에 대한 우리의 마음을 고백하는 가장 강력한 방법이며 또한 놀라운 축복의 통로입니다. 만일 우리가 사랑하는 연인에게 고백을 하며 상대방을 위해 돈을 쓰기를 꺼린다면 그 마음이 진심이라는 것을 믿어주는 사람은 아무도 없을 것입니다.

교회 다니는 성도들 중 10%도 안 되는 사람들이 하나님을 진심으로 섬기고 90%의 사람들은 자신의 유익만을 위해서 교회생활을 한다는 어느 기독교 단체의 통계가 있습니다.

미국도 그리 다르지는 않았습니다.

갤럽 조사에 따르면 미국의 교인들은 분명한 구원의 확신이 있는 성도들 중에서도 20%만이 봉사와 헌금생활을 한다고 합니다.

최근 바나리서치의 조사에 따르면 이 비율은 2002년도 기준으로 3%로 급격히 감소를 했다고 합니다. 그로부터 10년도 훌쩍 더 지난 지금은 또 어떻겠습니까?

과연 지금 시대의 성도들이 이전 시대의 성도들보다 하나님을 더욱 사랑한다고 생각할 수 있습니까?

제가 지금 말하고 있는 것은 돈의 문제가 아닙니다. 신앙의 문제입니다.

헌금은 곧 신앙의 표현이기 때문입니다. 믿음 없이 드릴 수 없기 때문입니다.

그 중 십일조는 하나님의 자녀 됨의 출발점입니다. 끝나는 지점이 아니고 성도로서의 출발점입니다. 이 명령은 성경 전체에 걸쳐서 나타나고 있습니다.

특히 요즘 교회에서는 교인들이나 세상사람들이 교회가 돈만 밝힌다고 오해 할까봐 십일조를 당당히 가르치지 못하고 있습니다. 그런데 십일조에는 하나님의 깊은 뜻이 있습니다. 바른 신앙생활을 위해서 일단은 성경대로 가르쳐야 합니다. 그 후의 일은 가르침을 받은 사람들의 몫입니다.

사실 십일조는 율법이전의 법입니다. 그런데 너무나 적은 사람들이 그들의 십일조를 하나님 앞에 드리고 있습니다.

느헤미야 시대를 보면 백성들은 말하길 첫 열매를 드리긴 드린다고 했습니다. 그러나 실천은 하지 않았습니다.

왜 그랬을까요?

그들은 지난 70년 동안 십일조 훈련을 하지 않았기 때문입니다.

이스라엘 백성들은 바벨론에 포로 되어 있으면서 왜 본인들이 이곳에 잡혀왔는지를 생각했습니다. 결론은 하나님을 잘 섬기지 않은 이유라는 것을 알았지요!

그래서 그들은 이렇게 말했습니다.

"우리는 우리의 땅에서 거둔 첫 번째 열매를, 나무에서 거둔 첫 열매를, 우리의 자녀 중에서 처음 자녀를, 우리의 소에서 첫 새끼를, 가축 무리에서 처음 것을, 양떼에서 첫 새끼를, 빵에서 처음 것을, 헌물 중에서 처음 것을, 포도주에서 처음 것을, 기름에서 처음 것을 성전에서 봉사하는 레위족속에게, 제사장들에게 줄 것 입니다"(느 10:35)

십일조는 모세 이전에 살았던 아브라함때도 있었습니다.

"너희 대적을 네 손에 붙이신 지극히 높으신 하나님을 찬송할찌로다 하매 아브람이 그 얻은 것에서 십분 일을 멜기세덱에게 주었더라"(창 14:20)

여기 멜기세덱은 영원한 대제사장이신 예수님을 상징합니다. 멜기세덱은 시편110편11절, 히브리서 7장 1절이 말씀하는 "의의 왕이요 살렘의 왕이요 평강의 왕"입니다.

그리고 야곱은 기쁨으로 하나님께 "나의 평생에 먹을 것과 입을 것을 주시면 내가 십일조를 바치겠습니다"(창28:20-23)라고 했고, 이런 야곱을 하나님께서는 놀랍게 축복하셨습니다.

"야곱이 들은즉 라반의 아들들의 말이 야곱이 우리 아버지의 소유를 다 빼앗고 우리 아버지의 소유로 인하여 이같이 거부가 되었다 하는지라"(창 31:1)

이 사실을 믿는다면 십일조 생활을 비롯한 물질의 헌신을 리모델링할 만하잖습니까?

"만군의 여호와가 이르노라 너희의 온전한 십일조를 창고에 들여 나의 집에 양식이 있게 하고 그것으로 나를 시험하여 내가 하늘 문을 열고 너희에게 복을 쌓을 곳이 없도록 붓지 아니하나 보라 만군의 여호와가 이르노라 내가 너희를 위하여 메뚜기를 금하여 너희 토지 소산을 먹어 없애지 못하게 하며 너희 밭의 포도나무 열매가 기한 전에 떨어지지 않게 하리니 너희 땅이 아름다워지므로 모든 이방인들이 너희를 복되다 하리라 만군의 여호와의 말이니라"(말 3:10-12)

예수님은 말씀하셨습니다.

"너희를 위하여 보물을 땅에 쌓아 두지 말라 거기는 좀과 동록이 해하며 도적이 구멍을 뚫고 도적질 하느니라 오직 너희를 위하여 보물을 하늘에 쌓아 두라 거기는 좀이나 동록이 해하지 못하며 도적이 구멍을 뚫지도 못하고 도적질도 못하느니라"(마 6:19-20)

십일조를 비롯한 철저한 물질의 헌신은 "나의 주인은 하나님이십니다", "나는 세상의 물질보다도 하나님을 더욱 사랑합니다"라는 고백의 방법입니다. 게다가 믿지 않는 사람들조차 때때로 성공의 방법으로 활용을 하는 검증된 축복의 수단이 십일조이기도 합니다.

그러나 저는 우리가 남들의 시선이나, 목사님의 강요 때문에, 혹은 넘치는 복을 받기 위해 십일조를 내는 것을 원치 않습니다. 그런 마음으로 내는 십일조라면 당장에 그만 두십시오! 하나님께 돈이 필요 합니까? 하나님은 적금통장도 아니십니다. 부자의 많은 돈보다 과부의 두 렙돈을 예수님은 훨씬 귀하다고 말씀하셨습니다.

"예수께서 눈을 들어 부자들이 헌금함에 헌금 넣는 것을 보시고 또 어떤 가난한 과부가 두 렙돈 넣는 것을 보시고 이르시되 내가 참으로 너희에게 말하노니 이 가난한 과부가 다른 모든 사람보다 많이 넣었도다 저들은 그 풍족한 중에서 헌금을 넣었거니와 이 과부는 그 가난한 중에서 자기가 가지고 있는 생활비 전부를 넣었느니라 하시니라"(눅 21:1-4)

이 원리를 알아야 합니다.
물질에 속박되지 않아야 합니다. 이스라엘 백성들이 70년 동안 물질의 헌신을 잊고 살았다가 이제 다시 드리겠다고 본문에서 선언한 것처럼, 우러나오는 마음으로, 그 마음만큼 주님께 기쁨으로 물질을 드리겠다고 고백해야 합니다.

헌신의 결과

무신론자들도 때로 원하는 복을 얻기 위해 십일조와 비슷한 방법으로 베풀거나 봉사를 합니다. 그러나 바른 목적을 가지고 기쁘게 헌신을 하는 성도들에게는 이와 비교도 할 수 없는 귀한 축복을 받게 됩니다. 이것은 기계를 제대로 사용하는 방법이 적힌 매뉴얼을 가진 사람과 그렇지 않은 사람과의 차이이며, 약의 효과와 복용방법을 정확히 알고 있는 사람과 그렇지 않은 사람과의 차이와 같습니다. 어쩌다 비슷하게 작동은 시킬 수 있겠지만 정확히 매뉴얼을 숙지한 사람만큼 잘 다룰 수는 없습니다.

리모델링의 완성단계에 있는 사람에게는 반드시 하나님을 향한 헌신하고자 하는 뜨거운 열망이 생기는 데 그 열망에 따라 옳은 목적으로 헌신을 한 사람에게는 다음의 네 가지 결과가 나타나게 됩니다.

1. 하나님과 가까워지는 삶이 된다.

일본 기독교를 대표하는 인물이자 세계적인 신학자인 우찌무라 간조오는 이런 글을 남겼습니다.

'나는 일본을 위하여, 일본은 세계를 위하여, 세계는 그리스도를 위하여, 모든 것은 하나님을 위하여!'

원래 우찌무라 선생은 하나님을 믿은 뒤에 조국인 일본에 대해 좋지 않은 생각을 갖고 있었습니다. 자신이 공부한 미국과 유럽이 '기독교 국가'이며 조국인 일본은 '이교도 국가'라는 생각을 가졌기 때문입니다. 그러나 하나님을 더욱 알면 알수록 신앙 안에서 조국을 사랑하게 되었다고 합니다. 그리고 그 사랑은 조국에서 머물지 않고 세계와 그리스도, 마침내 하나님으로 귀결된다는 것을 평생에 걸쳐 깨달았다고 합니다.

"순간의 성령체험을 위해 평생을 허비해도 아깝지게 않겠더라"는 말도 남긴 우찌무라 선생의 글은 우리의 신앙이 단순히 나, 교회, 지역, 나라, 민족을 넘어선 하나님께 바로 향해 있어야 한다는 것을 말해줍니다. 구원받은 성도들이 신앙생활을 통해서 얻을 수 있는 가장 큰 기쁨은 바로 하나님과 더욱 가까워지는 것입니다.

아주 조금씩이라도 헌신하는 사람은 하나님과 더 가까워지는 삶을 살게 됩니다. 70년 동안 하나님을 찾을 생각도 안하던 백성들이 이제 다시 회개하고 하나님께 헌신을 약속하는 것처럼 리모델링이 제대로 이루어진 사람들의 인생은 자동적으로 하나님과 가까워지는 삶을 살게 됩니다.

세상 모든 것을 다 소유하고 경험해도 인간은 절대로 만족 할 수 없습니다. 사람의 마음에는 하나님으로만 채워지는 터진 웅덩이가 있기 때문입니다.

"내 백성이 두 가지 악을 행하였나니 곧 그들이 생수의 근원되는 나를 버린 것과 스스로 웅덩이를 판 것인데 그것은 그 물을 가두지 못할 터진 웅덩이들이니라"(예레미야 2:13)

하나님과 가까워지는 삶이 무엇보다 큰 복이며, 헌신의 귀한 결과인 것은 바로 이 때문입니다. 헌신으로 하나님과 가까워지는 기가 막힌 복을 누리십시오.

2. 하나님의 인도하심을 체험한다.

최근 한국 온라인을 후끈 달아오르게 만든 태국의 한 광고가 있었습니다.

길에서 불쌍한 사람을 만나면 그냥 지나치지 못하는 한 남자가 구걸을 하는 모든 사람에게 지갑에 있는 돈을 모두 털어줍니다. 그는 굶고 있는 강아지를 봐도 그냥 지나치지 못합니다. 집에는 시들어가는 식물들을 옮겨와 물을 주고 햇볕을 쏘이며 가꿔줍니다. 옆집에 있는 이가 안 좋은 할머니를 위해서는 매일 바나나를 한 송이씩 구입해 몰래 문에 걸어줍니다.

이 남자의 주변에 있는 사람들은 이런 행동들을 이해하지 못합니다.

"그렇게 해서 생기는 게 뭔데?"라는 시선으로 혀를 찰뿐입니다. 그러나 그런 남자의 행동으로 구걸을 하던 어머니가 자녀를 학교에 보냈고, 옆집 할머니는 외로움을 달랬으며, 강아지와 식물들은 새로운 생명을 얻었습니다. 그리고 이런 변화를 바라보며 놀라는 주위 사람들과 함께 남자는 얼굴 가득 미소를 가득 채우며 "이 남자가 이렇게 행동해서 얻은 것이 무엇일까요? 그는 더 부자가 되지도 않았고, 남들에게 인정을 받지도 못했습니다. 그러나 기쁨을 얻었습니다."라는 내레이션으로 마무리가 됩니다.

비록 광고지만 이 남자는 이해타산과 이기심이 아니라 사랑의 마음을 따라 인생을 살고 있는 것입니다. 나를 위한 삶과 남을 위한 삶의 모습이 이처럼 다르듯이 하나님을 따라 사는 사람들의 삶은 더욱 다른 모습이어야 합니다.

하나님께 물질, 시간, 봉사, 구제의 방법으로 드리길 꺼려하는 사람은 여전히 자기가 인생의 주인 되어 살고 있는 사람입니다. 하나님께 모든 것을 맡기고 인도하시는 대로 따라가는 것이 아니라 자기가 가고 싶은 곳을 말하고, 그곳으로 가기 위해 필요한 도구들을 요구하는 모습입니다.

하나님을 위해 헌신할 시간에 내가 해야 할 더 중요한 일이 있는 사람이나, 하나님께 드릴 헌금은 아까워하면서도 자신을 위해서는 얼마든지 카드를 긁는 사람은 하나님을 주인(주님)으로 섬기는 사람이 아닙니다. 그 행동은 하나님을 창조주로 인정을 하지 않는 것과 같습니다. 다만 죽음 뒤의 심판을 피하기 위해, 혹은 현세의 어떤 이득을 위해 하나님을 도깨비 방망이처럼 여기는 것뿐입니다. 하나님은 그런 취급을 받는 분이 아닌데 우리의 행동이 하나님을 그렇게 만들 때가 있습니다.

그리스도인의 행복은 자신을 아끼고 가꾸는 데서 생기는 것이 아니라 타인을 위해 봉사하고, 하나님께 헌신하는 가운데 생깁니다. 보리떡 다섯 개와 물고기 두 마리라는 소년의 작은 헌신이 없었더라면 오병이어의 기적은 나타나지 않았습니다. 아무리 작은 헌신이라도 순전한 마음으로 하나님께 드리는 사람은 오병이어의 기적과도 같은 하나님의 인도하심을 체험하게 됩니다.

하나님은 모든 사람들에게 충분한 분량을 주셨습니다. 그 분량을 이웃과 하나님을 위해서 사용할지, 아니면 나만을 위해 사용할지는 우리들의 선택에 달린 문제입니다.

에덴동산에서 아담과 하와는 하나님이 주신 선악과를 놓고 자신들을 위한 선택을 내려 죄를 지었습니다.

지금 내가 갈등하고 있는 시간의 헌신, 봉사와 구제의 헌신, 교회에서의 헌신, 재능이나 은사의 헌신, 그리고 물질에서의 헌신도, 나의 선택에 따라 완전히 다른 결과를 가져온다는 것을 매순간 기억해야 합니다.

나의 머리와 계산으로 하나님을 재단하지 말고 하나님께 맡기고 드림으로 하나님의 능력을 체험하십시오. 느헤미야와 이스라엘 백성들의 리모델링 과정에서 나타난 하나님의 역사와 모세가 이스라엘 백성들을 출애굽 시켰을 때와 같은 하나님의 인도가 우리 삶에 나타날 것입니다.

3. 말씀에 순종하게 된다.

하나님의 말씀대로 사는 것은 성도들에게 반드시 필요한 일이지만 또한 매우 어려운 일이기도 합니다. 마가복음 10장에 나오는 부자청년의 이야기를 잠깐 살펴보겠습니다. 제 생각에는 이 부자청년은 아마 성도들로부터 가장 많은 오해를 받고 있는 인물이 아닐까 생각합니다.

"예수께서 길에 나가실새 한 사람이 달려와서 꿇어 앉아 묻자오되 선한 선생님이여 내가 무엇을 하여야 영생을 얻으리이까 예수께서 이르시되 네가 어찌하여 나를 선하다 일컫느냐 하나님 한 분 외에는 선한 이가 없느니라 네가 계명을 아나니 살인하지 말라, 간음하지 말라, 도둑질하지 말라, 거짓 증언 하지 말라, 속여 빼앗지 말라, 네 부모를 공경하라 하였느니라 그가 여짜오되 선생님이여 이것은 내가 어려서부터 다 지켰나이다 예수께서 그를 보시고 사랑하사 이르시되 네게 아직도 한 가지 부족한 것이 있으니 가서 네게 있는 것을 다 팔아 가난한 자들에게 주라 그리하면 하늘에서 보화가 네게 있으리라 그리고 와서 나를 따르라 하시니 그 사람은 재물이 많은 고로 이 말씀으로 인하여 슬픈 기색을 띠고 근심하며 가니라"(막 10:17-22)

우리는 이 말씀을 통해 청년이 돈을 포기 못하는 욕심 많은 부자일 것이라고 단정합니다. 그러나 예수님은 계명을 철저히 지키는 이 청년을 사랑하셨다고 나와 있습니다. 그러나 예수님이 보시기에 이처럼 사랑스러웠던 청년도 결국 재물로 인해 마음의 근심이 생겼습니다. 이후의 청년이 어떤 선택을 했는지는 알 수 없지만 우리는 이 말씀을 통해 말씀을 '부족함'이 없게 순종하는 일이 얼마나 어려운 것인지 알 수 있습니다.

예수님이 보시기에 사랑스러우셨던 이 부자청년에게는 한 가지가 부족했습니다. 아마도 저를 비롯한 우리에게는 훨씬 더 많은 부분들이 부족할 것입니다. 그러므로 만약에 말씀을 한 가지라도 더 실천할 수 있는 삶으로 우리 인생이 나아간다면, 또 그렇게 리모델링이 된다면, 이것은 무엇과도 비교할 수 없는 축복이자 은총입니다.

하나님을 사랑하는 것과, 그리고 이웃을 위해 헌신하는 것, 그리고 주님의 몸된 교회를 섬기는 것! 이 모든 것들은 하나님이 우리에게 하신 말씀입니다. 그리고 그리스도인들은 이 하나님의 말씀에 귀를 기울이고 순종하는 사람들입니다.

리모델링의 과정에서 하나님께 순종하므로 많은 은혜를 체험하게 되는 것은, 하나님과의 관계가 회복됨으로 말씀에 귀를 기울이게 되고, 조금이나마 그 말씀에 순종함으로 능력을 체험하게 되기 때문입니다. 이 능력을 체험하는 사람은 더 이상 세상의 물질과 권력, 명예를 위해 근심하지 않습니다. 하나님의 아주 작은 능력도 이런 것들과 비교가 불가능하기 때문입니다.

"여호와의 말씀이 엘리야에게 임하여 이르시되 너는 일어나 시돈에 속한 사르밧으로 가서 거기 머물라 내가 그 곳 과부에게 명령하여 네게 음식을 주게 하였느니라 그가 일어나 사르밧으로 가서 성문에 이를 때에 한 과부가 그 곳에서 나뭇가지를 줍는지라 이에 불러 이르되 청하건대 그릇에 물을 조금 가져다가 내가 마시게 하라 그가 가지러 갈 때에 엘리야가 그를 불러 이르되 청하건대 네 손의 떡 한 조각을 내게로 가져오라 그가 이르되 당신의 하나님 여호와께서 살아 계심을 두고 맹세하노니 나는 떡이 없고 다만 통에 가루 한 움큼과 병에 기름 조금 뿐이라 내가 나뭇가지 둘을 주워다가 나와 내 아들을 위하여 음식을 만들어 먹고 그 후에는 죽으리라 엘리야가 그에게 이르되 두려워하지 말고 가서 네 말대로 하려니와 먼저 그것으로 나를 위하여 작은 떡 한 개를 만들어 내게로 가져오고 그 후에 너와 네 아들을 위하여 만들라 이스라엘의 하나님 여호와의 말씀이 나 여호와가 비를 지면에 내리는 날까지 그 통의 가루가 떨어지지 아니하고 그 병의 기름이 없어지지 아니하리라 하셨느니라"(왕상 17:8-14)

사르밧 과부가 체험한 이 능력도 역시 말씀에서 나온 것입니다. 그리고 헌신이 바탕이 되어 일어난 것 입니다.

우리의 노력으로는 절대 말씀에 순종하는 삶을 살수가 없습니다. 그러나 인생의 리모델링을 통해 참된 목적을 깨닫고 여전히 두 팔을 벌려 나를 기다리시는 예수님의 사랑을 깨달을 때 우리는 헌신할 강력한 동기와 동력을 얻게 되며 그로 인해 말씀에 순종하는 삶을 살게 됩니다.

말씀을 지키는 선한 행동은 우리의 노력으로 되는 것이 아니라 사랑을 깨달음과 그리스도의 진리를 믿음으로 이루어집니다. 따라서 정말로 쉽고 단순해 보이는 말씀의 순종이라는 이 결과는 리모델링과 헌신이라는 과정을 거치지 않고는 절대로 이를 수 없는 매우 중요한 부분인 것 입니다.

4. 주는 기쁨을 누린다.

'선행의 치유력'이라는 책을 쓴 앨린 룩스는 자원봉사자들을 대상으로 다양한 조사를 했습니다.

결과는 거의 전부에 가까운 95% 가량의 사람들이 봉사활동을 통해서 자긍심이 생기고, 마음이 평온해지고, 심리적 안정감이 증가하는 경험을 했다고 응답했습니다. 그러나 이런 변화는 단순히 심리적인 부분에서만 일어나는 것이 아니었습니다.

하버드 대학교의 데이비드 맥클랜드 박사는 남을 돕는 일을 하는 사람들의 신체 반응에 대해서 연구를 했는데, 그 결과 남을 꾸준히 돕는 사람들의 몸에서 유해한 바이러스와 세균을 없애는 면역 물질이 눈에 띄게 증가했습니다. 바로 이런 면역체계의 변화로 인해서 심리적인 영향까지 긍정적으로 변한 것이었습니다.

맥클랜드 박사는 남을 위해 나누어주고 베푸는 사람들은 그렇지 않은 사람들보다 장수할 확률이 2배나 높다고 설명하며 다음과 같은 말을 했습니다.

"선행으로 생기는 감동은 그 행동을 한 사람을 비롯해 그 행동을 본 사람과 받은 사람을 포함하여 모든 사람들에게 면역력을 높여주는 생물학적 변화를 일으킨다."

이 이야기에 나오는 효과에 대해서 한 목사님은 이런 말을 했습니다.

"우리가 봉사를 하고 선행을 베풀 때 기쁨을 느끼는 이유를 우리는 알 수 없습니다. 우리가 보기에 봉사와 선행은 매우 큰 손해를 보는 일이기 때문입니다. 그러나 하나님은 우리가 봉사와 선행을 베풀 때 기쁨이라는 스위치가 켜지도록 만드셨습니다. 봉사와 선행에 대한 많은 연구 결과들은 이런 사실을 뒷받침 해주는 증거가 될 뿐이지 이런 사실들이 일어나는 원인에 대해서는 알려주지 못합니다."

저는 이 말이 리모델링과 헌신에 따른 결과에 비추어볼 때 매우 맞는 말이라고 생각합니다. 하나님이 우리에게 원하시는 삶의 모습으로 바꾸는 것이 리모델링이며, 그 리모델링이 완성될 때 하나님은 우리가 많은 기쁨과 복을 얻도록 태초부터 설계해 놓으셨습니다. 성경에 나오는 많은 구제와 봉사의 말씀들은, 비록 어렵고 힘든 이웃을 향한 명령이기도 하지만, 사실은 우리 자신에게 더욱 유익이 되는 명령들입니다.

드리는 것은 나의 삶에 기쁨을 가져다줍니다.

사도행전 20장 35절에서 예수님은 이렇게 말씀 하셨습니다.

"주는 것이 받는 것 보다 더 복이 있다"

이 말씀은 복음서에 직접적으로 나오는 말씀은 아닙니다. 그러나 복음서에 전반적으로 걸쳐 나타난 예수님의 사상과 행동에 그 정신이 이미 나타나 있습니다.

"주라 그리하면 너희에게 줄 것이니 곧 후히 되어 누르고 흔들어 넘치도록 하여 너희에게 안겨 주리라 너희가 헤아리는 그 헤아리림으로 너희도 헤아림을 도로 받을 것이니라"(눅6:38)

여기서 복되다는 행복을 의미하는 '마카리오스'라는 원어인데 신약성경에 약 50회 쓰였습니다. 이 단어는 하나님 나라에 참여함을 통해 오는 독특한 즐거움을 나타내는데 사용됐습니다.

일반적인 상식으로는 도저히 이해가 되지 않습니다. '마카리오스'라는 단어가 말해주듯이 정말로 독특한 현상입니다. 그래서 보통의 사람들은 이런 말씀들을 실천하려는 생각조차 하지 않습니다. 하지만 실험의 결과를 보듯, 이것은 분명히 관찰할 수 있는 사실입니다.

사람을 만든 것은 사람이 아니라 하나님이십니다. 그래서 사람들이 보기엔 이처럼 말도 안 되는 일이 오히려 우리를 행복하게 하는 일이 돼버리는 것입니다.

하나님이 우리를 위해 독생자이신 예수님을 보내 주신 것도 도저히 이해 할 수 없는 사건이지만, 그런 분이 또 나를 위해 십자가에서 돌아가셨다는 사실도 우리의 머리로서는 이해할 수 없는 사건입니다.

하지만 우리는 체험을 통해 그것이 정말이라는 사실을 분명히 알고 있습니다. 그렇기에 구원을 받았다고 말하는 것이며, 또 예수님을 따라 살겠다고 다짐 하는 것입니다.

마찬가지로 말씀에 따라, 주는 일들을 실천할 때, 비록 세상적인 시각으로는 손해를 보는 미련한 일 같으나, 우리는 그것을 통해 누가복음의 말씀이 어떤 의미인지 저절로 알게 됩니다. 이것이 하나님을 위해 헌신할 때 우리에게 찾아오는 아주 귀한 기쁨의 비밀입니다.

느헤미야는 이스라엘에 리모델링이 필요하다는 사실을 분명히 알았습니다. 그래서 그는 현실에 안주하지 않고 목숨을 걸고 새로운 목표에 대한 비전을 품었습니다.

느헤미야는 모든 일이 하나님의 응답 없이는 이루어지지 않는다는 것을 알았습니다. 그래서 왕의 짧은 질문에도 먼저 하나님께 순간적인 기도를 드린 후 대답했고, 위기의 순간마다 하나님께 기도함으로 응답을 구했습니다. 그는 리모델링을 위해 충분한 계획을 세울 지혜가 있었지만, 먼저 하나님의 뜻을 물었습니다.

느헤미야는 눈에 보이는 것이 전부가 아니라는 사실을 알았던 것입니다.

그래서 성벽을 리모델링하는 데에 그치지 않고 그 과정을 통해 무너진 도덕과 사회적 병폐, 한발 더 나아가 교회와 예배의 회복을 통하여 이스라엘 백성들의 영성까지 리모델링 하는 일에 힘을 기울였습니다.

그러자 느헤미야를 통해 귀하신 하나님의 말씀과 능력을 다시 깨닫게 된 백성들은 자발적으로 말씀을 사모했고, 말씀에 갈급했으며, 말씀을 통해 하나님께 헌신하고자 먼저 나서는 귀한 일들이 일어났습니다. 리모델링이 완성된 것입니다.

자, 이제는 우리 차례입니다.

우리는 느헤미야의 리모델링을 통해 내 인생을 리모델링할 수 있는 원리와 방법을 충분히 살폈고, 또 배웠습니다. 그리고 어떻게 적용해야 하는지도 알아봤습니다. 남은 것은 느헤미야와 같은 방법으로 겸손하게 하나님께 모든 것을 맡기고, 리모델링의 필요성을 인정하며 포기하지 않고 한 발자국씩 전진하는 것 뿐 입니다.

우리가 기꺼이 그러려고 마음만 먹는다면 모든 것 위에 뛰어나신 우리 주님께서 귀한 믿음의 결단을 하고자 하는 우리에게 충분하고 놀라운 축복과 은혜를 주셔서 리모델링이 완성 될 때까지 함께하실 것입니다. 그리고 이와 같은 리모델링을 꿈꾸는 성도들로 인해 교회도 동일한 복을 받아, 하나님을 믿지 않는 사람들과 이 나라와 이 민족에게 복음의 놀라운 진리가 선포될 것이며, 하나님의 손길이 위기에 처한 기독교를 회복시키실 것입니다. 그런 일은 분명히 일어날 것입니다.

그러기 위해 우리의 삶을 리모델링 해야 합니다.
1. 주님의 통치권이 회복되는 삶으로 리모델링 하십시오.
2. 4가지 기둥을 세우는 삶으로 리모델링 하십시오.
3. 장애물을 돌파하는 삶으로 리모델링 하십시오.

4. 할 수 있음을 믿는 삶으로 리모델링 하십시오.

5. 진정한 예배를 드리는 삶으로 리모델링 하십시오.

6. 영성을 살리는 삶으로 리모델링 하십시오.

7. 온전히 헌신하는 삶으로 리모델링 하십시오.

이 일을 통해 우리 삶이 리모델링되고, 그로 인해 하나님이 주시는 영적 힘을 받아, 크게 하나님께 쓰임을 받음으로, 하나님께 영광을 돌리는 행복하고도 당당한 승리의 삶이되길 기도합니다.

망망한 바다 한가운데서 배 한 척이
침몰하게 되었습니다.
모두들 구명보트에 옮겨 탔지만
한 사람이 보이지 않았습니다.
절박한 표정으로 안절부절 못하던 성난 무리 앞에
급히 달려 나온 그 선원이
꼭 쥐고 있던 손바닥을 펴 보이며 말했습니다.
"모두들 나침반을 잊고 나왔기에 … "
분명, 나침반이 없었다면 그들은 끝없이 바다 위를
표류할 수밖에 없을 것입니다.

삶의 바다를 항해하는 모든 이들을 위하여
우리는 그 나침반의 역할을 하고 싶습니다.
우리를 구원하신 아름다운 주님을
21세기 문명의 이기(利器)를 통하여
널리 전하고 싶습니다.

우리 나침반 가족은
구원의 복음과 진리의 말씀을 전하며
당신의 믿음 성장과 삶을, 가정을, 증거를,
그리고 당신의 세계와 비전을 돕고 싶습니다.

우리는 그리스도 안에서 형제 자매이며
우리는 당신을 소중하게 생각합니다.

"하나님은 모든 사람이 구원을 받으며
진리를 아는 데 이르기를 원하시느니라."
(디모데전서 2장 4절)

삶을 리모델링하는 7가지 법칙

편저자 l 김성근 목사
발행인 l 김용호
편　집 l 이성은
발행처 l 나침반출판사

발행일 l 2014년 5월 20일

등　록 l 1980년 3월 18일 / 제 2-32호
주　소 l 157-861 서울 강서구 염창동 240-21
　　　　블루나인 비즈니스센터 B동 1607호
전　화 l 본　사(02)2279-6321
　　　　영업부(031)932-3205
팩　스 l 본　사(02)2275-6003
　　　　영업부(031)932-3207

홈페이지 l www.nabook.net
이　메　일 l nabook@korea.com
　　　　　nabook@nabook.net

ISBN 978-89-318-1478-1
책번호 다-2109

값은 뒷표지에 있습니다.